HANS KÜNG
Glücklich sterben?

*Meinen Ärzten, Therapeuten, Pflegern
und allen, die mir beigestanden haben,
in Dankbarkeit.*

HANS KÜNG 19.3.1928 – 5.4.2021

Glücklich sterben?

Mit dem Gespräch mit
ANNE WILL

Piper München Zürich

Mehr über unsere Autoren und Bücher:
www.piper.de

www.weltethos.org

MIX
Papier aus verantwor-
tungsvollen Quellen
FSC® C014889

ISBN 978-3-492-05673-1
2. Auflage 2014
© Piper Verlag GmbH, München 2014
Gesetzt aus der Minion Pro
Satz: Dr. Stephan Schlensog, Tübingen
Druck und Bindung: Pustet, Regensburg
Printed in Germany

Inhalt

Ein persönliches Vorwort

»Sie gefährden Ihr ganzes großes Lebenswerk durch Ihr dezidiertes Eintreten für Selbstverantwortung im Sterben.« So oder ähnlich haben sich seit Erscheinen des dritten Bandes meiner Memoiren »Erlebte Menschlichkeit« (Oktober 2013) nicht wenige Freunde und Leser mündlich oder schriftlich mir gegenüber geäußert. Solche Einwände nehme ich sehr ernst, möchte ich doch nicht vor allem mit dem Thema Sterbehilfe der Nachwelt in Erinnerung bleiben. Meine Einstellung zum Sterben kann man letztlich ja nur dann richtig bewerten, wenn man etwas weiß von meinem lebenslangen Bemühen um grundlegende Themen wie die Gottesfrage, das Christsein, ewiges Leben, Kirche, Ökumene, Weltreligionen, Weltethos …

Ich bekenne mich nach wie vor zur ersten der vier »unbedingten Weisungen« eines Weltethos, zur »Verpflichtung auf eine Kultur der Ehrfurcht vor allem Leben«, wie sie das Parlament der Weltreligionen in Chicago 1993 proklamiert hat: »Aus den großen alten religiösen und ethischen Traditionen der Menschheit vernehmen wir die Weisung: *Du sollst nicht töten!* Oder positiv: *Hab Ehrfurcht vor dem Leben!* Besinnen wir uns also neu auf die Konsequenzen dieser uralten Weisung: Jeder Mensch hat das Recht auf Leben, körperliche Unversehrtheit und freie Entfaltung der Persönlichkeit, soweit er nicht die Rechte anderer verletzt. Kein Mensch hat das Recht, einen anderen Menschen physisch oder psychisch zu quälen, zu verletzen, gar zu töten.« Doch gerade weil »die menschliche Person unendlich kostbar und unbedingt zu schützen« ist, und dies bis an ihr Ende, muss genau überlegt werden, was dies im Zeitalter einer Hochleistungsmedizin bedeutet, die das Sterben weitgehend schmerzlos herbeizuführen, aber auch in vielen Fällen beträchtlich hinauszuzögern vermag.

Dieser Problematik möchte ich mich hier in aller Offenheit stellen und möchte gerade niemanden von all den Vielen enttäuschen, denen ich oft über Jahrzehnte in mancher Hinsicht Orientierung geben konnte. Andererseits aber erfahre ich nun so viel Zustimmung und Bestärkung von religiösen wie nichtreligiösen Menschen, die mir dankbar sind für den Mut, gerade als christlicher, ja katholischer Theologe kompetent und ehrlich diese emotional wie politisch schwer belastete und entsprechend kontrovers diskutierte Frage der Sterbehilfe anzusprechen.

Man wird also unterscheiden müssen zwischen dem breiten Konsens in Bezug auf die Ehrfurcht vor dem Leben und dem Dissens bezüglich der Art und Weise einer Sterbehilfe. In den Weltethos-Dokumenten findet man zwar allgemein ein nachdrückliches Plädoyer für Ehrfurcht vor dem Leben, aber keine Stellungnahme zur speziellen Frage der Sterbehilfe, da sich zur Zeit diesbezüglich weder zwischen den Weltreligionen noch innerhalb der einzelnen Religionen ein Konsens feststellen lässt.

Mein Vorstoß bezüglich der Sterbehilfe ist meine

höchst persönliche Angelegenheit, nicht etwa die der Stiftung Weltethos. Und so bitte ich denn in aller Bescheidenheit diejenigen, die meine Auffassung teilen, weiter um ihre Unterstützung, und diejenigen, die sie ablehnen, um das Bemühen, meine Auffassung vielleicht besser zu verstehen. Zu diesem Zweck habe ich dieses Buch geschrieben. Es ist kein völlig neues Opus – das habe ich mir 2013 in meinen Abschiedsreden verboten –, aber doch ein neues Opusculum, das jedem Leser eine Klärung und Vertiefung ermöglichen sollte.

Es erfüllt mich mit Dankbarkeit, dass mir noch die Kraft geschenkt war, dieses Buch zu vollenden. Spüre ich doch in der Endphase der Abfassung, wie meine Kräfte schwächer werden und mir auch manche geistige Tätigkeiten zur großen Anstrengung werden. Zweifellos könnte man an einigen Stellen dieses Buches noch weitere Details und Präzisierungen anbringen, doch hat ja mein Buch nicht etwa den Anspruch, die komplexe Frage der Sterbehilfe definitiv zu klären. Vielmehr will es einen Beitrag in einem andauernden Diskussionsprozess leisten und die Stimme eines christlichen Theologen einbringen, der von dieser Problematik selbst existenziell betroffen ist.

Von Herzen danke ich allen, die mir in dieser schwierigen Thematik mit vielfältigem Rat und wichtigen Informationen hilfreich waren, und allen, die ganz praktisch am Entstehen dieses Buches mitbeteiligt waren.

Tübingen, im Juni 2014   *Hans Küng*

Einleitung: Kann Sterben glücklich sein?

Sind Sterben und Glück nicht klare Gegensätze? »Dieser Mensch hat noch einmal Glück gehabt«, sagt man von einem, der beim Autounfall hart am Tod vorbeikam. Und meint damit das *Glück des Zufalls*, wofür die englische wie die lateinische Sprache mit »luck« und »fortuna« ein eigenes Wort zur Verfügung haben. Ebenso gibt es mit »happiness« und »beatitudo« ein eigenes Wort für das *Glück der Erfüllung*.

Der Mensch kann mitten im Alltag das kleine Glück des erfüllten Augenblicks erleben – etwa durch ein gutes Wort, eine freundliche Geste oder durch den Dank für eine von ihm erwiesene Wohltat. Ja, er kann bisweilen auch das große Glück eines momentanen Spitzenerlebnisses erfahren – etwa im Rausch der Musik, in einem überwältigenden Naturerlebnis, in der Ekstase der Liebe.

Nur eines kann der Mensch nicht: einer glücklichen Hochstimmung Dauer verleihen, weder durch Geld noch durch Alkohol oder Drogen. Gewiss vermögen höchst unterschiedliche Informationen im menschlichen Gehirn Endorphine, Glückshormone zu produzieren und so euphorische Glücksgefühle hervorzurufen. Doch Gewöhnung führt zur Abstumpfung; unser neurobiologisches Glückssystem ist nicht auf Dauerbetrieb angelegt. Fausts flehentliche Bitte an den Augenblick höchsten Glücks, »Verweile doch, Du bist so schön!«, kommt nicht von ungefähr und wird nicht erhört.

Ein anderes freilich scheint dem Menschen vielleicht möglich: Statt einer anhaltenden glücklichen Hochstimmung eine *durchgehaltene glückliche Grundstimmung*, die ihn selbst in verzweifelten Situationen nicht verzweifeln lässt, sondern sein Vertrauen trägt. Gemeint ist konkret: grundsätzlich einverstanden sein mit dem Leben, wie es nun einmal ist, ohne sich jedoch mit allem abzufinden. Eine glückliche Grundstimmung heißt also ein Leben in Einklang, im Reinen mit sich. Und da frage ich mich: Lässt sich eine solche Grundhaltung nicht auch angesichts aller menschlichen Gebrechlichkeit und Vergänglichkeit bis hinein ins Sterben durchhalten?

Die »ars moriendi«, die »Kunst des Sterbens«, beschäftigt mich, seitdem in den 1950er-Jahren mein Bruder Georg monatelang an einem unheilbaren Gehirntumor leiden musste, bis er am Wasser in der Lunge erstickte. Sie drängte sich mir besonders auf, seitdem etwa von 2005 an mein lieber Kollege und Freund Walter Jens, obwohl bestens betreut, in seiner Demenz bis zu seinem Tod 2013 dahindämmerte. Diese Erfahrungen bestärkten mich in der Überzeugung: So will ich nicht sterben! Aber sie machten mir zugleich die Herausforderung deutlich, den Zeitpunkt für ein selbstverantwortetes Sterben nicht zu verpassen.

Dies vertraten der Literat Walter Jens und ich in den 1990er-Jahren gemeinsam in Vorlesungen des Studium Generale an der Universität Tübingen und 1995 im gemeinsamen Buch »Menschenwürdig sterben: ein Plädoyer für Selbstverantwortung«, dessen Neuaus-

gabe 2009 ich noch mit »20 Thesen zur Sterbehilfe«
und Inge Jens mit einem wertvollen persönlichen Beitrag ergänzte.

Schließlich habe ich 2013 im letzten Kapitel meines
dritten Memoirenbandes »Erlebte Menschlichkeit«
auf 50 Seiten meine persönliche Krankheitsgeschichte
(Parkinson, Makuladegeneration, Polyarthritis in den
Fingern …) und meine Haltung zum Sterben beschrieben. Dies legte ich in aller Offenheit dar, nicht zuletzt,
um in der deutschen Öffentlichkeit, die noch immer
unter dem kollektiven Trauma der Nazimorde am angeblich »lebensunwerten Leben« leidet, Verständnis
zu wecken für die heutige Problematik eines immer
weiter künstlich hinausgeschobenen Lebensendes.

Es gehört für mich zur Lebenskunst und zu meinem
Glauben an ein ewiges Leben, mein zeitliches Leben
nicht endlos hinauszuzögern. Wenn es an der Zeit ist,
darf ich, falls ich es noch kann, in eigener Verantwortung über Zeitpunkt und Art des Sterbens entscheiden. Wenn es mir geschenkt sein sollte, möchte ich
gerne bewusst sterben und mich menschenwürdig
von meinen Lieben verabschieden. *Glücklich* sterben
heißt für mich nicht ein Sterben ohne Wehmut und
Abschiedsschmerz, wohl aber ein Sterben *in völligem
Einverständnis, in tiefster Zufriedenheit und in innerem
Frieden.* Das bedeutet im Übrigen auch das in viele
moderne Sprachen eingegangene, aber von den Nazis
schändlich missbrauchte altgriechische Wort »*eu-tha-
nasia*«: ein »gutes«, »richtiges«, »leichtes«, »schönes«,
»glückliches Sterben«.

Also ein »Requiescat in pace, er/sie möge ruhen in Frieden«. Alles noch zu Ordnende geordnet, in Dankbarkeit und in vertrauendem Gebet. Dies ist nicht nur eine Wunschvorstellung. Ich kenne Menschen, die in diesem Sinn glücklich gestorben sind: Meine Mutter gehört zu ihnen. Diese Haltung gründet für mich letztlich in der Hoffnung auf ein definitiv gelingendes, ewiges Leben, in einer anderen Dimension des Friedens und der Harmonie, andauernder Liebe und bleibendem Glück. Dies ist meine von der Bibel gespeiste Vorstellung von einem glücklichen Sterben.

Damit ist schon deutlich geworden: Solch glückliches Sterben hat nichts zu tun mit einem eigenmächtigen, gar noch zur Provokation der kirchlichen Autorität geplanten unseligen »Selbstmord«, wie mir manche Stimmen in den Medien, aber auch in persönlichen Zuschriften unterstellten. Einzelne Vertreter der »kirchlichen Lehre« aber, von der meine Auffassung abweicht, haben offensichtlich noch nicht begriffen, dass sich auch unser Verständnis sowohl vom Anfang wie vom Ende des Menschenlebens mitten in einem epochalen Paradigmenwechsel befindet, der weder mit der Vorstellungswelt und Begrifflichkeit der mittelalterlichen noch der orthodox-protestantischen Theologie durchschaut und gemeistert werden kann. Heutzutage muss doch die enorme Lebensverlängerung aufgrund der früher unvorstellbaren Fortschritte der modernen Medizin und Hygiene in Betracht gezogen werden; zu berücksichtigen sind aber auch die korrigierenden nachmodernen Einsichten in die Grenzen einer rein naturwissenschaftlich-technisch argumentierenden und operierenden Medizin. Der Sinn für die Notwendigkeit einer die Menschlichkeit schützenden ethischen Fundierung einer ganzheitlichen Medizin ist gewachsen. Auch in der katholischen Kirche besteht seit dem Amtsantritt von Papst Franziskus Hoffnung auf größere Offenheit und erbarmende Hilfestellung in solchen notorisch schwierigen Fragen. Für ihn ist das Christentum keine abgehobene doktrinäre Ideologie, sondern ein Weg, den man erlernt, indem man ihn geht.

Auf manche in dieser Einführung angesprochenen Fragen war auch die prominente Fernseh-Moderatorin *Anne Will* in einem Gespräch mit mir eingegangen, das vom Ersten Deutschen Fernsehprogramm ARD am 20. November 2013 ausgestrahlt und vom Sender Phoenix am 2. Januar 2014 wiederholt wurde. Das Gespräch bildet die Plattform meiner weiteren Überlegungen. Ich bin meiner gescheiten und einfühlsamen Gesprächspartnerin von Herzen dankbar dafür, dass sie mir gestattet, diesen lebendigen und ungekünstelten Dialog hier zu veröffentlichen. Wollte ich doch wie gesagt kein völlig neues Buch schreiben, wohl aber zur Klärung und Vertiefung meiner Auffassung beitragen, auch auf schriftlich und mündlich geäußerte Einwände eingehen und dafür auf frühere Texte zurückgreifen sowie neue Kommentare hinzufügen. Einer breiteren Öffentlichkeit – und angesichts der gegenwärtigen Diskussion in Parlamenten, Berufsverbänden, Gerichten und Kirchen besonders Politikern,

Ärzten, Juristen und Seelsorgern – möchte ich Stoff zu kritisch-selbstkritischen Reflexionen bieten. Dies alles in der Hoffnung auf eine interessierte und zugleich verständnisvolle Diskussion.

Gespräch mit Anne Will

Vom Glück des Widerspruchs

ANNE WILL: Lieber Hans Küng, wir sitzen hier im November 2013, an einem wunderschönen Tag, knallblauer Himmel, draußen Sonnenschein. 2013 ist für Sie ein besonderes Jahr, Sie sind 85 geworden, im März, und Sie haben mit dem dritten Band Ihre Lebenserinnerungen abgeschlossen. Also eine Art Abschluss, ein Ende, vom »Abend des Lebens« schreiben Sie. Außerdem haben Sie öffentlich gemacht, dass Sie an Parkinson erkrankt sind. Und Sie haben auch gesagt, vor langer Zeit ja schon, Sie werden dann, wenn die Krankheit Sie verändern sollte, Sterbehilfe in Anspruch nehmen, aus dem Leben scheiden. Woher wissen Sie eigentlich, dass dann, wenn der Zeitpunkt gekommen ist, kein irdisches Glück mehr auf Sie wartet?

HANS KÜNG: Ach, ich würde nicht sagen, dass kein irdisches Glück mehr auf mich wartet, sondern ich weiß dann nur, dass mein Leben sich vollendet hat, dass ich weiter keine Aufgaben mehr zu erfüllen habe, dass es einfach Zeit ist. Wie es bei Kohelet im Alten Testament heißt, es gibt eine Zeit zu leben und eine Zeit zu sterben. Und dann wird es eben so weit sein.

ANNE WILL: Ist es ein bestimmter Tag, den Sie jetzt schon kennen?

HANS KÜNG: Nein. Ich habe auch nie gesagt, ich würde mich sofort verabschieden, das wurde eine Zeit lang durch die Medien so verbreitet. Ich habe immer noch die Möglichkeit, dass meine verschiedenen Krankheiten ...

ANNE WILL: Was ist es denn alles?

HANS KÜNG: Na ja, mit dem Schreiben habe ich Schwierigkeiten, ich habe Schwierigkeiten mit den Augen, eine Makuladegeneration, ich habe Schwierigkeiten mit dem Rücken, mit dem Lendenwirbel und so weiter. Das ist alles nicht schlimm, wenn man so will, aber es sind einfach Zeichen, dass die letzte Periode begonnen hat und dass mein Leben auch nicht ewig dauert. Ich habe mich von vornherein immer mit dem Leben so abgefunden, wie es war. Ich wollte das auch nicht verschweigen, was ich ja leicht hätte machen können. Ich hätte ja leicht diesen dritten Band furios abschließen können mit irgendeinem großen Ereignis. Ich habe genügend solcher Ereignisse erlebt. Aber ich wollte bis zum Ende die Wahrheit in Wahrhaftigkeit sagen.

ANNE WILL: Ich habe Sie eben kurz unterbrochen an der Stelle, als Sie, glaube ich, dabei waren, uns zu entwickeln, woran Sie festmachen könnten, dass der Zeitpunkt gekommen wäre, wo Sie sagen, okay, jetzt ist mein Leben vollendet, und jetzt mag ich den nächsten Schritt gehen.

HANS KÜNG: Also der sichere Terminus, wo es für

mich klar wäre, wäre das, wenn ich irgendwelche Zeichen von Demenz spüre. Hier um die Ecke wohnte Walter Jens. Ich habe über Jahre seine Demenzerkrankung miterlebt. Wir haben ja in den 1990er-Jahren zusammen Vorlesungen gehalten, die »Menschenwürdig sterben« hießen, unten in der Universität. Und Jens hat immer gesagt, es wäre für ihn ein Glück, wenn er wie Sigmund Freud damals einen Arzt fände, der ihm dann helfen würde zu sterben. Er hat das eigentlich vorgehabt, er hat aber den Moment verpasst. Ich will auf keinen Fall den Moment verpassen. Beginnende Demenz wäre jedenfalls eine klare Indikation, was sonst noch dazukommen kann, das kann ich jetzt noch nicht sagen. Ich bin bereit zu allem. Ich bin bereit, auch noch eine neue Aufgabe zu übernehmen, wenn eine sich stellt, die ich jetzt noch leisten kann. Aber ich will nicht in demselben Stil weitermachen. Ich habe alle Bücher geschrieben, die ich schreiben wollte, habe alle Reisen gemacht, die ich machen wollte, also ich bin in diesem Sinne ein glücklicher Mensch, relativ glücklich, und kann sagen, mein Werk hat sich in etwa gerundet und vollendet.

ANNE WILL: Aber warum wollen Sie dann Ihr Leben beenden, sollten Sie Anzeichen spüren einer beginnenden Demenz?

HANS KÜNG: Weil ich nicht der Meinung bin, dass das irdische Leben alles ist. Das hängt natürlich mit meiner Glaubensüberzeugung zusammen, dass ich nicht glaube, dass ich in ein Nichts hineinsterbe. Ich kann Leute verstehen, die nicht an ein ewiges Leben glauben, dass die natürlich Angst haben vor dem Nichtsein. Ich bin aber der Überzeugung, dass ich nicht in ein Nichts hineinsterbe, sondern in eine letzte Wirklichkeit hineinsterbe. Dass ich sozusagen nach Innen gehe, in die tiefere, tiefste Wirklichkeit, und von dorther also ein neues Leben finde. Das ist meine Glaubensüberzeugung. Und die lässt mich natürlich etwas souveräner sein bezüglich der Länge und dem Aushalten in diesem Leben. Ich habe vor Kurzem wieder von Ärzten gehört, die sagen, es sei manchmal erstaunlich, wie Leute unbedingt noch länger leben wollen, sogar Theologen, hat man mir gesagt …

ANNE WILL: … die vielleicht nicht so ganz überzeugt sind …

HANS KÜNG: … die nicht ganz so überzeugt sind, ja. Wenn man nicht ganz überzeugt ist und schwankt, dann kann man unter Umständen sagen, ja, ja, ich möchte doch noch weiterleben, und dann verpasst man den Moment.

ANNE WILL: Warum wäre das irdische Dasein in dem Zustand etwa einer beginnenden Demenz nicht mehr das, was Sie möchten? Warum wollen Sie dann aus dem Leben scheiden?

HANS KÜNG: Wenn man es sieht, wie das oft ist … Neuerdings gibt es sogar Demenz-Dörfer. Eine schreckliche Vorstellung! Das kann ich mir nicht vorstellen, dass ich das haben möchte. Ich möchte so sterben, dass ich noch voll Mensch bin und nicht nur reduziert auf ein vegetatives Dasein. Oder wie mein Freund Walter Jens eigentlich auf die Kindheit zurückgeführt. Wo ich also dann, sagen wir mal, wie er, mich dann freue an Kindern und Tieren. Das ist alles schön, er hatte gute Pflege, und ich will das nicht bewerten. Ich will überhaupt niemandem etwas vorschreiben. Ich rede nur für mich. Aber ich weiß natürlich, dass viele Menschen, auch die uns jetzt zuhören und zuschauen, ähnliche Probleme haben, sehr viele Menschen.

ANNE WILL: Sie sind – das weiß jeder – einer der oder vielleicht auch der bekannteste Kirchenkritiker. Und zwar einer, der aus der Kirche heraus kritisiert hat, ein katholischer Theologe, aber auch ein katholischer Priester. Ihre Kirche hat ja eine dezidiert andere Haltung dazu, dass man den Zeitpunkt für sich bestimmen könnte, an dem man aus dem Leben scheidet. Ihre Kirche versteht das Leben als ein Geschenk Gottes. Und die Selbsttötung – in Konsequenz dann – als Absage an das Ja Gottes zum Menschen. So steht es im Katechismus. Gehen Sie, wenn Sie sich hier anders verhalten, auf eine Art in einen letzten Widerspruch zur Amtskirche?

HANS KÜNG: Ich glaube, dass man sich erstens bei der Kirchen-Leitung um eine andere Haltung zur Sterbehilfe bemühen sollte. Es geht ja nicht einfach um die Kirchengemeinschaft. Das heißt, in der Kirchen-Gemeinschaft sind es 77 Prozent, glaube ich, die, nach den neuesten Umfragen in Deutschland, es für richtig halten, dass man in der letzten Phase unter Umständen Sterbehilfe in Anspruch nimmt. Ich glaube, dass da die Kirchenleitung einfach noch zurückgeblieben ist in der Reflexion und in der Entscheidung. Dabei bin auch ich der Überzeugung, der festen Überzeugung, dass das Leben Gnade Gottes ist. Es ist mir geschenkt. Ich habe es nicht selber erworben. Das ist mir, als gläubigem Menschen, durch die Eltern von Gott geschenkt. Aber das heißt, dieses Gnadengeschenk bedeutet für mich auch Verantwortung. Das sagt übrigens auch der Katechismus.

Wir haben alle eine Verantwortung für unser Leben. Und warum soll die in der letzten Phase aufhören, diese Verantwortung? Die ist für mich auch in der letzten Phase da. Die kann ich dann auch wahrnehmen. Dazu gehört auch: Wenn ich ein Mann wäre in seinen 40er-Jahren, mit Familie, Frau und Kindern, und hätte ein Missgeschick, etwa einen Kollaps im Berufsleben, erlebt, dann kann ich mich ja nicht einfach aus dem Leben verabschieden, unbekümmert darum, wer da noch übrig bleibt. Wir haben ja – ich glaube, in der katholischen Kirche muss das auch deutlich werden – eine neue Lebensperiode geschenkt bekommen. Ich wäre doch nicht in diesem Gesundheitszustand, wenn ich nicht Hygiene, Medizin und alles hätte, was man eben heute glücklicherweise haben kann.

ANNE WILL: Viel Sport: Sie sind immer geschwommen.

HANS KÜNG: Ja, natürlich, das mache ich auch jeden Tag. Das ist natürlich wunderbar. Insofern ist das natürlich ein zusätzliches Leben, eine zusätzliche Periode, die aber nicht einfach von Gott geschaffen worden ist. Die ist vom Menschen geschaffen worden. Und jetzt ist die Frage: Wie lange muss ich das durchhalten? Muss ich alle Pillen schlucken? Ich habe schon zwölf pro Tag. Muss ich noch mehr? Muss ich noch alle Operationen machen lassen? Da hat sich auch schon im sogenannten kirchlichen Lehramt sehr vieles positiv entwickelt. Heute sagt niemand mehr, dass die sogenannte passive Sterbehilfe – doch in Rom sagen sie das zum Teil noch, auch das sei nicht gestattet –, also heute sagt man ja, die Maschinen abstellen, die Beatmungsmaschine, die Ernährungsmaschine, das darf man. Das ist passiv. Ich sehe nicht ein, warum das weniger aktiv ist, als wenn ein Arzt mir eine erhöhte Dosis Morphium gibt. Das alles ist vonseiten der Kirchenleitung nicht genügend überlegt worden. Ich wollte durchaus auch einen Anstoß geben zum neuen Überlegen. Wir haben ja eine ähnliche Situation mit der Geburtenregelung. Da hat man auch völlig falsch entschieden, wie man weiß. Aufgrund der Enzyklika Humanae vitae (1968), die sagt, dass Empfängnisverhütung eine Todsünde ist. Das wird von römischer Seite noch immer behauptet. Jetzt hat man gemerkt, dass heute eine neue Situation ist. Da müsste sich doch auch die Kirchenleitung überlegen, was das bedeutet.

Ich möchte doch, dass die Kirche dem Menschen hilft zu sterben und nicht nur eine Krankensalbung gibt. Es ginge darum, dass man einem Menschen, der sterben will, gut zu sterben hilft.

ANNE WILL: Sie sagen, sie wollen einen Anstoß geben. Das heißt, Sie wollen schon ein Zeichen setzen damit. Versteh ich das richtig und wäre das dann doch, wie ich gefragt habe, eine Art letzter Widerspruch zur Amtskirche und zu dem, was die Kirchenleitung, wie Sie sagen, will?

HANS KÜNG: Ja, ich hoffe natürlich, dass man das versteht, dass ich ein Zeichen geben will. Das ist einfach mit meiner Position gegeben. Auch ist mir klar, dass, wenn ich das sage, das Ganze ein anderes Gewicht hat, als wenn das irgendein Laie sagt, ein Nichtkleriker oder wer immer. Das ist ein Zeichen, aber ich denke eben, dass es viele zum Überlegen bringen wird. Ich habe jetzt schon gehört, dass viele zum ersten Mal sagen, wissen Sie, ich bin auch bei EXIT. Das wird jetzt offen ausgesprochen …

ANNE WILL: … das ist die Sterbehilfeorganisation aus der Schweiz …

HANS KÜNG: … und ich habe jetzt immerhin schon erreicht, dass die Sterbehilfeorganisation EXIT, aber auch die Deutsche Gesellschaft für humanes Sterben (DGHS) etwas neu entdeckt haben, wovon ich wollte, dass man's entdeckt – nämlich die religiöse Dimension im Sterben. Dass man sterben kann, freiwillig sterben kann, nicht weil man glaubt, man fällt in ein Nichts. Man hat früher immer angenommen, wenn jemand bei so einer Organisation ist, dann ist er Materialist oder Atheist. Nein, im Gegenteil. Man kann aus Gottvertrauen heraus freiwillig sterben. Ein durchaus nicht rationalistisches, aber rationales, vernunftgemäßes Gottvertrauen. Wenn ich das also vertrete, da hat es mich doch sehr gefreut, dass ich schon sehr früh Zustimmung aus diesen Organisationen bekommen habe. Man will das dort ernst nehmen. Im Buch »Menschenwürdig sterben« hatte ich nur einen Satz darüber geschrieben. Jetzt habe ich aber doch schon so viel Zustimmung gerade von dieser Seite bekommen, die mich sehr bestätigt. Und ich hoffe eben, dass die Kirchenleitung nicht denselben Fehler begeht wie im Zusammenhang mit der Pille. Ein katastrophaler Fehler. Diese Enzyklika Humanae vitae ist im Kirchenvolk nicht rezipiert worden. Mit der Kirchenlehre ist das nicht so einfach, wenn sie nämlich nicht rezipiert wird im Volk, wenn das Volk eine völlig andere Auffassung hat, dann geht's auch nicht. Das hat man schon von alten Konzilen gesagt, wenn sie nicht rezipiert worden sind, so sind sie halt nicht gültig.

ANNE WILL: Da Sie öffentlich angekündigt haben, das tun Sie ja auch gerade jetzt im Gespräch mit mir, dass Sie diesen Weg gehen wollen, setzen Sie sich nicht damit auch selbst ein bisschen unter Druck?

HANS KÜNG: Nein, ich mache mich frei. Ich habe alles gut geregelt, ich habe mein Testament gemacht, ich habe alles gut vorbereitet. Jetzt kann ich also ruhig abwarten, was geschieht.

ANNE WILL: Aber könnten Sie auch abwarten, den Moment, in dem Sie sagen: Ich möchte das jetzt nicht mehr. Wieder ein so schöner Tag, wieder knallblauer Himmel und Sonnenschein. Ja, ich habe gesagt, dass ich zu einem gegebenen Zeitpunkt aus dem Leben scheiden würde, aber ich will es jetzt nicht mehr. Und dann machen Sie es nicht und lassen der öffentlichen Ankündigung eben keine Tat folgen, hätten Sie die Freiheit auch noch?

HANS KÜNG: Die hätte ich auch. Aber etwas anders gesehen: Nur wegen eines schönen blauen Himmels heute würde ich so eine Entscheidung nicht fällen. Und ich habe deutlich geschrieben, wenn sich mir noch einmal eine außerordentliche Aufgabe zeigt, dann werde ich sie wahrnehmen. Das habe ich im letzten Kapitel meines Memoirenbandes »Am Abend des Lebens« geschrieben – und was passiert? Es hat sich plötzlich in der katholischen Kirche eine völlig neue Konstellation ergeben. Joseph Ratzinger hat am 19. März 2013 seinen Namenstag gefeiert, ich meinen 85. Geburtstag. Und am selben Tag wurde Papst Franziskus in sein Amt eingeführt! Das war etwas völlig Unerwartetes für mich. Ich habe früher immer gedacht, ich bereite mich jetzt vor, gebe alle meine Ämter ab, und das würde bedeuten »Küng geht, und Papst Ratzinger bleibt«. Aber jetzt hat er sich sogar noch früher zurückgezogen als ich. Ja, das ist für mich eine neue Situation. Ich habe dem neuen Papst Franziskus geschrieben, ich habe eine sehr positive Antwort bekommen. Ich habe ihm das Buch »Ist die Kirche noch zu retten?« zugeschickt. Ich habe eine freundliche Antwort, ein Handschreiben bekommen …

ANNE WILL: … das Sie in Ihrem Buch abdrucken mit ganz kleiner Schrift. Das hat mich beeindruckt. Ganz zart unterschreibt Franziskus.

HANS KÜNG: Und zwar einfach »fraternalmente«. Wir haben auf Spanisch korrespondiert. »Fraternalmente«, »brüderlich«. Also kein päpstlicher Brief, sondern ein brüderlicher Brief. Und da habe ich gedacht, das müsste ich doch noch unterstützen, soweit ich kann, diesen neuen Kurs.

ANNE WILL: Das liest man ja auch in Ihrem Buch. Als Sie glaubten, dass Ihre Lebenserinnerungen schon abgeschlossen seien, passiert eben all das Überraschende, nämlich dass Papst Benedikt XVI., Joseph Ratzinger, Ihr Studienkollege von vor langer Zeit …

HANS KÜNG: Professorenkollege, Studienkollege nicht.

ANNE WILL: … Professorenkollege, pardon, zurücktritt und dass Papst Franziskus gewählt wird. Weil noch so viel Überraschendes passieren konnte, riskieren Sie dann nicht doch, zu verpassen auch, wovon Sie Ihr Leben lang geträumt haben, nämlich dass sich die katholische Kirche in Ihrem Sinne verändert?

HANS KÜNG: Das ist jetzt schon passiert.

ANNE WILL: Schon abgeschlossen?

HANS KÜNG: Nein, nein, initiiert. Aber ich habe tatsächlich gesagt, ich muss mich mit der Situation der Kirche abfinden. Wenn ich oft früher von Journalisten gefragt wurde, was würden Sie sich noch wünschen?, sagte ich, ein neuer Wandel in der Kirche, eine Wende wie unter Johannes XXIII. Aber ich hatte mich damit abgefunden, dass diese nicht mehr kommt, solange ich lebe. Weil einfach meine Zeit jetzt sozusagen abgelaufen ist, und das System offenkundig unerschüttert ist. Und jetzt ist etwas eingetreten, was uns alle überrascht hat: dass wir nun einen Papst haben, der sofort einen anderen Stil angefangen hat, andere Sprache, die Kleidung, alles. Das sind ja nicht einfach nur Äußerlichkeiten, das ist im Grunde ein Paradigmenwechsel, den ich schon längst gefordert habe, der nun auch das Papsttum erreicht hat. Das ist die neue Situation. Und das ist ein epochales Ereignis. Also insofern hat dieser Wandel schon eingesetzt, und ich hoffe nur, Franziskus hält es durch. Aber für diesen Wandel hoffe ich noch, einen Beitrag zu leisten.

ANNE WILL: Trauen Sie ihm das denn zu? Trauen Sie Papst Franziskus zu, Ihre Kirche so zu verändern, dass sie auf Ihren Widerspruch gar nicht mehr angewiesen ist?

HANS KÜNG: Ich traue es ihm zu. Ich weiß, dass es natürlich ungeheuer schwierig ist. Aber das ist ein Mann, der als Jesuit natürlich eine asketische Bildung bekommen hat, wie ich übrigens auch, ich bin ja von Jesuiten erzogen worden, sieben Jahre lang im roten Talar in Rom. Aber das gibt einem natürlich schon eine Konzeption fürs Leben, alles wird bewusst gemacht, Gewissenserforschung und so weiter. Also, der ist asketisch geschult. Er ist sicher theologisch eher traditionell ausgebildet, aber immerhin in ernsthafter Theologie. Er hat schon gezeigt, dass er zu vielem fähig ist, mit erstaunlicher Selbstsicherheit. Man hat es ja im Fernsehen gesehen, wie er nach seiner Wahl dastand, als ob er es schon immer gemacht hätte, und »buona sera« sagte.

ANNE WILL: Das fand ich auch klasse.

HANS KÜNG: Und er hat auch gleich die Vatikanbank unter Kontrolle genommen, eine Kommission eingesetzt und überlegt, soll sie abgeschafft oder soll sie reformiert oder was auch immer werden. Er hat sich die Administration des Vatikanstaates vorgenommen, auch eine Kommission eingesetzt gegen die Korruption dort. Und er hat kürzlich eine Umfrage lanciert für die Familiensynode. Aber wissen Sie, die ganze Frage ist natürlich, ob er sich jetzt durchsetzen kann z.B. gegen den Präfekten der Glaubenskongregation, Gerhard Ludwig Müller. Der hat jetzt einen Artikel zum Problem der wiederverheirateten Geschiedenen und ihrer Zulassung zu den Sakramenten veröffentlicht. Die üblichen Positionen. Dass in Fragen der Ehescheidung nichts anderes getan werden könne, als nur wieder diese zu viel Heuchelei führende Annullierung von Ehen, die im Grunde richtig gelebt wurden. Also damit kommen wir nicht weiter, und da ist natürlich die Frage, ob der Papst das jetzt durchhält gegen den Widerstand der Kurie wie damals im Zweiten Vatikanischen Konzil. Damals hatten wir den Kardinal Ottaviani, ein Vorvorgänger von Ratzinger und Müller, der meinte, er müsse dem Papst und dem Konzil sagen, was die Wahrheit des Glaubens ist. Diese Arroganz haben diese Herren da im Palazzo del Sant Ufficio. Die ganze Frage ist, ob Franziskus das durchhält oder ob er sich beugt. Ich glaube nicht, dass er sich beugt, aber man weiß nie.

ANNE WILL: Ich möchte zurückkommen auf Walter Jens, den Sie im Gespräch schon angesprochen haben. Sie und Walter Jens haben 1995 gemeinsam ein Buch geschrieben, »Menschenwürdig sterben«. In diesem Buch erklären Sie, was es heißt, bewusst aus dem Leben zu gehen. Dann, wenn man an Krankheiten erkrankt, so habe ich es verstanden, die persönlichkeitsverändernd sind. Es ist ja verrückt, eigentlich, dass sowohl Sie als auch Walter Jens dann in der Tat an solchen Krankheiten erkranken. Walter Jens an vaskulärer Demenz und Alzheimer, eine Mischform aus beidem, Sie an Parkinson. Sie haben eben bereits gesagt, Walter Jens habe den Zeitpunkt verpasst, an dem er noch frei hätte entscheiden können, wann er aus dem Leben scheidet. Warum sind Sie sich so sicher, dass er diesen Zeitpunkt verpasst hat und nicht vielleicht doch weiterleben wollte? Anders: Mit den Tieren, mit den Kindern, ein bisschen kindlicher oder sehr viel kindlicher, als der Gelehrte Walter Jens gelebt hat?

HANS KÜNG: Ja, das will ich ja gar nicht bestreiten. Er war einfach schwankend. Ich habe ihn ja oft erlebt, oft besucht. Wenn ich fragte, wie geht's dir, Walter? »Schlecht. Schrecklich.« So oder so ähnlich. Also, es kam kaum jemals die Antwort »Es geht gut!«. Er hat natürlich durchaus glücklich leben können. Es gibt diese Stadien, wo ein Mensch relativ glücklich ist, und man kann ja nicht beurteilen, was er nun letztlich fühlt. Man merkt dann mit der Zeit, dass überhaupt keine intellektuelle Verbindung mehr möglich ist, nur noch eine emotionale. Wenn ich gesagt habe, möchtest du vielleicht ein Stückchen Schokolade? »Nein.« Dann packe ich sie aus und halte ein Stück zum Mund hin, dann nimmt er es und will sofort noch ein zweites haben. Also, das ist alles durchaus liebenswürdig, liebenswert. Aber ich möchte nicht in dieses Stadium kommen, das kann man doch verstehen.

ANNE WILL: Es ist ja eine Art Ironie der Geschichte, dass Ihr schärfster Widersacher, Papst Johannes Paul II., auf dessen Veranlassung Ihnen 1979 die Lehrerlaubnis entzogen worden ist, dass er, wie Sie, an Parkinson erkrankt war, daran auch starb. Er hat sein Sterben öffentlich, ich will nicht sagen zelebriert, aber man konnte ihm dabei zuschauen – was vielen Menschen auch Trost gegeben hat. Ihnen auch?

HANS KÜNG: Mir nicht. Mir überhaupt nicht. Ich fand es verantwortungslos, die Kirche sozusagen vom Sekretär leiten zu lassen. Das war ja damit verbunden, dass er überhaupt nicht mehr fähig war, die Kirche zu leiten. Da muss ich sagen, Joseph Ratzinger hat da meinen größten Respekt verdient, dass er gerade das nicht wollte. Er hat schon rechtzeitig erklärt, dass er auch durchaus bereit sei zurückzutreten, wenn er sieht, er kann's nicht mehr machen. Und ich war keineswegs total überrascht, dass er es getan hat. Ich war nur überrascht vom Zeitpunkt.

Das hing aber zusammen mit der Situation im Vatikan, mit dieser ganzen schrecklichen Geschichte der Missbrauchsfälle, deren Vertuschung er selber angeordnet hat als Kardinal: Das sei unter dem päpstlichen Geheimnis zu behandeln. Er hat die Vatileaks-Affäre mit seinem Sekretär erlebt. Er hat sicher auch den Rapport über den Stand der Kurie gelesen, den zwei Kardinäle nach Befragung anderer Kardinäle verfasst haben. Das muss ja niederschmetternd gewesen sein. Also da konnte ich verstehen, dass er zurücktrat. Aber noch einmal, ich habe größten Respekt für diesen Entscheid. Er wollte gerade nicht sein Sterben vordemonstrieren. Er wollte zeigen, dass er zurücktreten kann, er hat damit der Kirche einen großen Dienst geleistet. Er hat gezeigt, dass das Petrus-Amt ein menschliches Amt ist. Dass der historische Petrus ja bekanntlich eine sehr schwankende Figur war. Kein Vize-Gott auf Erden, wie man ihn oft verklärt hat, ist der Papst, sondern ein Mensch wie alle anderen Menschen auch, sterblich und vielleicht auch ein wenig fehlbar, füge ich jetzt hinzu.

ANNE WILL: Spielt es denn für Sie eine Rolle, dass auch Sie sich dann anders verhalten werden als Ihr Widersacher, der schärfste, Johannes Paul II.?

HANS KÜNG: Das spielt für mich überhaupt keine Rolle. Ich gehe meinen eigenen Weg. Das wäre doch lächerlich, wenn ich das zeigen wollte. Ich lass ihm das auch. Jeder soll das selber machen. Wer sich also filmen lassen will in einem miserablen Zustand, der sollte das machen lassen. Ich will das nicht.

ANNE WILL: Jetzt wissen Sie, dass sehr viele Menschen an Ihren Lippen hängen, sich von Ihnen Orientierung erhoffen, Ihre Bücher lesen. Genau froh sind darum, dass es einen Katholiken gibt, der kritisch mit seiner Kirche umgeht. Wenn die Ihnen jetzt zuhören, dann hören die in Wahrheit ja, dass die einzige menschenwürdige Antwort auf die Parkinson-Erkrankung der

Suizid ist. Werden Sie da Ihrer Verantwortung, auch als Seelsorger, gerecht?

HANS KÜNG: Da haben Sie mich aber missverstanden. Ich sage nicht, das muss unbedingt so sein. Ich sage immer wieder, das ist *für mich* die Wahl. Und ich möchte nur die Menschen in Schutz nehmen, die das machen. Wir haben im Jahr zehntausend Suizide in der Bundesrepublik. Und ich meine, man hat lang genug immer gesagt, begleiteter Suizid gehe nicht. Ich nehme nicht für mich in Anspruch, ein Modell für alle abzugeben. Aber es muss klar sein, dass man nicht selber ich weiß nicht was für eine Todesart suchen muss, wie die Menschen, die in einer Klinik aus dem Fenster springen, weil ihnen nicht geholfen wurde. Ich will Sie jetzt nicht zurückfragen, Frau Will, aber was machen Sie, wenn Sie einen Brief bekommen mit der Bitte, helfen Sie mir sterben? Eine Frau schrieb mir das vor Kurzem, die schon seit Jahren eine schreckliche Krankheit hat. Sie kann nicht sterben, die Ärzte helfen ihr nicht. Und was sagen Sie dann?

ANNE WILL: Das weiß ich auch nicht. Das ist eine unwahrscheinlich schwere Frage.

HANS KÜNG: Ich war doch in Schwierigkeiten! Wenn ich solche Briefe bekommen habe, habe ich gedacht, was soll ich jetzt da sagen? Ich kann nicht sagen, gehen Sie in die Schweiz. Ich habe aber auch dagegen protestiert, im Buch, dass man den Sterbetourismus, den man selber verursacht hat in Deutschland, den Eidgenossen vorwirft. Nein, es liegt an den Deutschen, die keine Gesetze machen können, damit solch ein Sterbetourismus nicht notwendig ist.

ANNE WILL: Werden Sie in die Schweiz gehen zum Sterben?

HANS KÜNG: Das habe ich offengelassen. Ich kann das machen so oder so. Ich bin Schweizer Staatsbürger geblieben, aber ich habe beide Wohnsitze. Ich hab mein kleines Haus am Sempachersee, beide Orte sind sehr schön, und ich kann an beiden Orten sterben.

ANNE WILL: Hans Küng, wir wünschen Ihnen, dass Sie noch lange leben. Und dass sich dieser Zeitpunkt, den Sie für sich finden wollen, wirklich weit hinauszögert.

HANS KÜNG: Danke, danke, Frau Will.

ANNE WILL: Danke für das Gespräch.

© Will Media; Mitschrift des am 20. November 2013 in der ARD ausgestrahlten Fernsehinterviews.

Erste Reaktionen

Als Reaktion auf das letzte Kapitel meiner »Erinnerungen« und auf das Gespräch mit Anne Will habe ich eine Fülle von Zuschriften bekommen, die sich auf unterschiedliche Weise mit meiner Auffassung vom selbstbestimmten Sterben auseinandersetzen:

Ein alter Freund von einer spanischen Universität schreibt mir:

»Tief gerührt habe ich das XII. Kapitel ›Am Abend des Lebens‹ gelesen. Ich kann alles, was Du da schreibst, so gut verstehen und bejahen! Die ganze Zeit habe ich einen Gedanken gehabt, den Du vielleicht als ›komisch‹ betrachtest: Ich dachte, ich denke, lieber Hans, dass Menschen wie Du nie sterben sollten. Da das nicht möglich ist, wünsche ich Dir mindestens noch langes Leben, möglichst ohne schwere Gesundheitsstörungen. Ich denke sehr oft an Dich …«

Zwei offenbar körperlich behinderte Frauen aus der Schweiz schreiben sehr kritisch:

»Sie sind für viele suchende Christen ein ›Wegweiser‹ ihres Glaubens. Dafür tragen Sie eine hohe Verantwortung, wie Sie selber sagen. Ihre Ausführungen bewirken Konsequenzen: Leidende, behinderte Menschen kommen unter Druck und fühlen sich genötigt, eine wesentliche Phase ihres Lebens zur Entlastung der Umwelt abbrechen zu müssen, im Klartext über Exit oder Freitod. Ihre Haltung dem Leiden gegenüber hat uns sehr betroffen, ja traurig gemacht und unser Existenzrecht einmal mehr infrage gestellt.«

Eine promovierte Ordensfrau:

»Ich maße mir nicht an, über Ihre persönliche Entscheidung zu urteilen, aber sehr wohl darüber, dass Sie als Galionsfigur der Weltethosbewegung ein geradezu katastrophales Beispiel geben – Sie gefährden, was Sie jahrzehntelang aufgebaut haben. Wie vereinbaren Sie diese PR mit der Ehrfurcht vor dem Leben, der Verallgemeinerungsfähigkeit des Handelns, mit der Entsprechung von Rechten und Pflichten u. dgl. mehr?«

Eine pensionierte Ärztin der Psychiatrie schreibt mir über die Ambivalenz ihrer Gefühle wie folgt:

»Ich selber möchte – soweit es mein körperliches, geistiges und seelisches Befinden zulässt – im Laufe der 80er-Jahre selbstverantwortlich und freiwillig mit menschlicher Begleitung mein Leben durch Suizid beenden.

Und nun: Je näher dieser Zeitpunkt rückt, umso stärker ist in mir der Lebenstrieb, der Lebenswille. Ich empfinde Angst vor dem Nicht-mehr-Sein, vor dem völlig Ungewissen und Unbekanntem nach dem Sterben. Die Ungeheuerlichkeit des selbstbewirkten Todes steht dann drohend vor der Seele.

Die Gefühle wechseln …«

Eine Pfarrersfrau, deren Mann bei den ersten Anzeichen von Demenz mithilfe von EXIT im Alter von
77 Jahren gestorben ist, schreibt wie folgt:

»Ich bin glücklich, dass mein Mann diesen Weg
gehen konnte, solange er noch urteilsfähig war, und
ich bin auch froh, dass ich ihm beistehen und ihn begleiten konnte. Er hatte in seinen letzten Pfarramts-
Jahren viele Menschen und ihre Angehörigen betreut,
die an einer Demenzerkrankung litten, und er sagte oft
zu mir, er möchte diese Krankheit nicht bekommen
und ohne Verstand dahinleben. Als die Diagnose so
war, trug er es mit Fassung und setzte sich sehr früh
mit Pfr. X.Y. in Verbindung. So kam für ihn alles zu
einem guten und für ihn würdigen Tod.«

Schließlich schreibt mir eine Frau aus der Schweiz:

»Ich schreibe Ihnen, weil mich der Abschnitt ›Am
Ende des Lebens‹ in Ihrem neuesten Buch besonders
anspricht; so zum Beispiel auf Seite 703 der wunder-
bare Satz: ›Denn du bist wie der Anfang vom Anfang
und die Mitte der Mitte, so auch das Ende vom Ende
und das Ziel der Ziele.‹

Auch ich denke mit Zuversicht an mein Sterben. Ich
durfte schon verschiedene Menschen an das Tor des
Übergangs begleiten. Ich arbeitete mit Menschen mit
Demenz im Alters-Zentrum X.Y. und als Spitalseelsor-
gerin (Aushilfe) im Kantonsspital X.Y.

Auch ich möchte sterben – ähnlich wie Sie das be-
schreiben –, wenn der Zeitpunkt da und der Lebens-
kreis vollendet ist. Eine Frau, die bereits an Demenz

erkrankt war, ist mir in dieser Frage Vorbild. Sie be-
schloss eines Tages, nichts mehr zu essen, später auch
nichts mehr zu trinken. Und sie starb innerhalb weniger Wochen friedlich und ruhig.«

Auch in der Presse gab es eine Fülle von zumeist ver-
ständnisvollen Reaktionen; eine Auswahl bietet die
Zeitschrift »Exit-Info«, 4/2013.

»Hans Küngs Bekenntnis erregt Aufsehen.« Die
zahlreichen Stellungnahmen kirchlicher Presseorga-
ne zeichnen das weite Spektrum der Auffassung auch
innerhalb der Christenheit. Unangenehm fiel mir auf,
dass unmittelbar nach Erscheinen meines dritten Er-
innerungsbandes der Pressesprecher ausgerechnet der
Diözese Rottenburg-Stuttgart kategorisch erklärte:
»Küng spricht für sich selbst, nicht für die katholische
Kirche.« Im »Spiegel« antwortete ich: »Eine kirchliche
Hierarchie, die sich bei Empfängnisverhütung, Pille
und künstlicher Befruchtung geirrt hat, sollte jetzt
nicht die gleichen Fehler machen bei den Fragen am
Ende des Lebens.« Auf die Rottenburger Stellungnahme reagierte die »Evangelische Sonntags-Zeitung«
(Frankfurt, 20. 10. 2013) wie folgt: »Hoffentlich wird
die kirchliche Stellungnahme nicht von anderen Christen als Signal verstanden. Denn für wen, außer für sich
selbst, sollte wohl ein Mensch sprechen, wenn es ums
eigene Sterben geht? Zumal Küng der perfekte katholische Protestant ist: katholische Weite im Herzen,
protestantischer Widerspruch im Geiste. Mit beidem
beschenkt, kann dem großen Gelehrten auf Erden und

also auch im Himmel nichts mehr passieren. Nicht immer lässt sich das auch von einer Diözese sagen.«

Der langjährige Intendant des Mitteldeutschen Rundfunks Udo Reiter, der seit einem Autounfall 1966 querschnittsgelähmt an den Rollstuhl gebunden ist, veröffentlichte kurz vor Weihnachten 2013 einen Artikel in der »Süddeutschen Zeitung« mit dem Titel »Mein Tod gehört mir« (SZ, 21. 12. 2013). Er beruft sich darin auf mich und schreibt: »Ich sitze seit 47 Jahren im Rollstuhl und habe trotzdem ein schönes und selbstbestimmtes Leben geführt. Irgendwann wird es zu Ende gehen. Aber wie? Ich möchte nicht als Pflegefall enden, der von anderen gewaschen, frisiert und abgeputzt wird. Ich möchte mir nicht den Nahrungsersatz mit Kanülen oben einfüllen und die Exkremente mit Gummihandschuhen unten wieder herausholen lassen. Ich möchte nicht vertrotteln und als freundlicher oder bösartiger Idiot vor mich hindämmern. Und ich möchte ganz allein entscheiden, wann es so weit ist und ich nicht mehr will, ohne Bevormundung durch einen Bischof, Ärztepräsidenten oder Bundestagsabgeordneten. Und wenn ich das entschieden habe, möchte ich mich ungern vor einen Zug rollen oder mir, wie das verschiedentlich empfohlen wird, eine Plastiktüte über den Kopf ziehen, bis ich ersticke. Ich möchte auch nicht in die Schweiz fahren und mich dort auf einem Parkplatz oder in einem Hotelzimmer von Mitarbeitern der Sterbehilfe Exit einschläfern lassen. Ich möchte bei mir zu Hause, wo ich gelebt habe und glücklich war, einen Cocktail einnehmen, der gut schmeckt und mich dann sanft einschlafen lässt. Dazu brauche ich Hilfe, am besten ärztliche Hilfe …«

Dabei kommt es immer wieder vor, dass den Verteidigern eines selbstbestimmten Sterbens falsche Haltung und schiefe Motive unterschoben werden. So von Nina Streeck in der »NZZ am Sonntag« (25. 5. 2014) mit dem Bezug auf mein Gespräch mit der ARD-Moderatorin Anne Will: »Die Vorstellung, nur wer selbst für sich sorgen kann und nützlich ist, führe ein sinn- und würdevolles Leben … Im Hohelied auf die Selbstbestimmung klingt die Geringschätzung kranken und gebrechlichen Lebens mit.«

Solche absurden Fehlinterpretationen haben mich veranlasst, in der Folge eine systematische Klärung und Vertiefung meiner Auffassung zu versuchen, die nicht mit einer Polemik antwortet, sondern eine Verständigung in den grundlegenden Positionen anstrebt.

Arthur-Koestler-Sonderpreis 2013 der Deutschen Gesellschaft für Humanes Sterben (DGHS)

1. Aus der Laudatio von Prof. Dr. Dr. h.c. Dieter Birnbacher

»Das Bekenntnis Hans Küngs zur ethischen Zulässigkeit der Sterbehilfe – dem Thema, das uns bei dieser Veranstaltung zusammenführt – wurzelt letztlich in einem bestimmten Gottesverständnis, einem, das geeignet ist, Vertrauen auf Gott zu begründen. Wenn Gott Vertrauen begründen soll, kann er es dem Menschen nicht verwehren, über sein Leben zu verfügen, sofern er keinen anderen Ausweg aus unerträglich gewordenem Leiden sieht. Ein Gott, der es dem Menschen verwehrt, dann, wenn ihm das Leben dauerhaft nicht mehr zu ertragende Belastungen zumutet, sein Leben zu beenden, wäre kein wohlwollender Gott. Er wäre ein tyrannischer Gott, dem die Durchsetzung seines Machtanspruchs mehr bedeutet als das Schicksal des auf ihn vertrauenden Menschen. In der Tat hat dieses Bild eines absolutistischen Gottes, der sich die Entscheidung über Leben und Tod am Lebensende als Vorrecht vorbehält, im westlichen Denken eine lange, bis in die Antike zurückreichende Tradition, die nicht nur die christliche Theologie, sondern lange Zeit auch die Philosophie beherrscht hat. Noch John Locke, immerhin einer der philosophischen Gründungsväter der modernen Demokratie, war der festen Auffassung, dass die Menschen Eigentum eines souveränen Herren sind und – vergleichbar Sklaven – diesem das Urteil über Leben und Sterben überlassen müssen. Hans Küng stellt diesem Gottesbild eine schlichte Frage entgegen: Wie kann ein Gott, der seine Geschöpfe liebt, die Menschen zum Ausharren im Leiden zwingen? Das Dogma der Unverfügbarkeit des eigenen Todes ist, im Lichte seiner Folgen betrachtet, im Kern inhuman.

›Menschenwürdig sterben‹ – eine der ganz wenigen Stellungnahmen für das Recht auf Selbstbestimmung am Lebensende aus der katholischen Theologie – weist viele der Vorzüge auf, die Werk und Wirkung Hans Küngs insgesamt auszeichnen: Menschlichkeit, Integration von Glauben und Vernunft und ein weises Vermeiden von Extremen zugunsten eines wohlerwogenen und ausgewogenen ›Wegs der Mitte‹. Menschlichkeit spricht aus Hans Küngs Zweifeln an dem christlichen Leidenspathos, das viele Theologen nicht nur gegen die transhumanistische Vision einer ›leidfreien‹ Gesellschaft ins Feld führen, sondern insbesondere auch gegen den Versuch, erwartetes Leiden durch eine selbstbestimmte Abkürzung des Lebens zu umgehen. Selbstverständlich weiß auch Hans Küng, dass Leiden im Leben des Menschen nicht in jeder Form vermeidenswert ist. Tiefe Gefühle, tiefe Bindungen und tiefe Hoffnungen sind nahezu unausweichlich an das Risiko schweren Leidens geknüpft. Die Tiefendimensionen des Lebens sind ohne Leiden nicht zu haben. Ein Leben ohne von Leiden durchzogene Gefühle wie Trauer, Kummer, Mitleid, Sorge, Schuld, Reue wäre ein seelisch verarmtes Leben. Aber in allen diesen Fällen hat Leiden typischerweise einen angebbaren Sinn: Leiden ist der Preis, der für Verluste von lebenswichtigen Gütern oder krisenhafte Richtungswechsel zu bezahlen ist. Ein solcher Sinn fehlt bei vielen Leidenszuständen in der letzten Lebensphase; die christliche Aufwertung des Leidens als Nachfolge Christi läuft ins Leere.

Ist die Position, die Küng in Bezug auf die Sterbehilfe einnimmt, tatsächlich, was er für sie beansprucht, ein ›theologisch verantworteter Weg der Mitte‹? Ich meine ja. Auf der einen Seite knüpft Hans Küng die Zulässigkeit der Sterbehilfe an strenge Bedingungen. So schließt er etwa eine Sterbehilfe bei bloßer Lebensmüdigkeit und ohne Vorliegen von schwerer Krankheit oder Gebrechen kategorisch aus. Er fordert ärztliche Kontrollinstanzen zur Verhinderung von Missbräuchen. Und er bindet Selbstbestimmung und Verantwortung für andere zusammen. Wie nur wenige andere Denker, die die Zulässigkeit einer Selbsttötung in Situationen schweren und unumkehrbaren Leidens vertreten haben, fordert er, dass derjenige, der sich zur Verkürzung seines Lebens entschließt, soziale Verantwortung übernimmt. Auch wenn seine Entscheidung eine höchst persönliche ist, muss er die Folgen, die anderen, etwa seiner Familie, daraus erwachsen, mitbedenken. Auf der anderen Seite sieht Küng, dass man die Situationen, in denen Sterbehilfe vertretbar erscheint, auch wiederum nicht zu eng fassen darf.

Nicht nur Situationen in Todesnähe, wie es viele christliche Stimmen fordern, sondern auch Zustände, in denen unheilbare, nicht tödliche, aber schwere und schmerzhafte körperliche Gebrechen als unerträglich empfunden werden, lassen eine Sterbehilfe vertretbar erscheinen.«

2. Aus der Dankesrede von Hans Küng

»Die Verleihung des Arthur-Koestler-Sonderpreises 2013 erfüllt mich mit Freude. Dies, obwohl ich als katholischer Theologe damit rechnen muss, dass ich deshalb erneut mit Kritik und allerlei Unterstellungen bedacht werde. Ich hoffe, es zu überleben …

Ich habe mit Überzeugung Ja gesagt zu diesem Preis, der schon deshalb eine besondere Auszeichnung darstellt, weil er mir nicht nur für meinen dritten Erinnerungsband ›Erlebte Menschlichkeit‹ mit seinem Kapitel ›Am Abend des Lebens‹ verliehen wird, sondern für mein Lebenswerk.

Zugleich darf ich sicher die Gelegenheit benützen, um meine Position kurz ein wenig zu verdeutlichen:
– Ich verteidige und plane keinen Selbstmord; auch am Ende eines Lebens läge Mord nur dann vor, wenn er aus niedriger Motivation, aus Heimtücke und durch Gewalt gegen den Willen des Betroffenen geschieht.
– Aber ich nehme meine Verantwortung wahr für mein Sterben zu gegebener Zeit, eine Verantwortung, die mir niemand abnehmen kann.

– Freilich will ich keineswegs sofort meinen Abschied von diesem Leben nehmen, wohl aber zu gegebener Zeit, die ich selber in meinem Gewissen zu erkennen hoffe.

– Gott gibt mir 85-Jährigem dafür kein direktes Zeichen vom Himmel.

– Aber Gott schenkt mir, so hoffe ich, die Gnade, den richtigen Zeitpunkt zu erkennen; der späteste wäre für mich zweifellos eine beginnende Demenz.

– Dass Gott für mich einen bestimmten Zeitpunkt ›verfügt‹ habe, kann ich aus den biblischen Urkunden nicht erkennen und mit der Vernunft nicht begründen.

– Dass ein solches Ende ›vorzeitig‹ wäre, ist eine bloße Behauptung.

– In der Bibel wird die Selbsttötung (Freitod, Suizid) nirgendwo ausdrücklich verboten, die des Abimelech, des Samson und des Königs Saul zum Teil mit Zustimmung berichtet.«

Klärung und Vertiefung

I. Schlüsselerlebnisse

Persönliche Erlebnisse können mehr prägen als noch so tiefe allgemeine Einsichten. Dies gilt nicht zuletzt für Erlebnisse auf der Grenzlinie zwischen Leben und Tod. Von dreien aus verschiedenen Phasen meines Lebens in den 1950er-, 1980er- und 2010er-Jahren möchte ich hier erzählen, ohne die meine Einstellung zur Sterbehilfe nicht verständlich ist.

1. Mein Bruder Georg

Am 11. Oktober 1954, einen Tag nach meiner Ordination, zelebriere ich in den Grotten von Sankt Peter in Rom am Petrusgrab zusammen mit meinen Eltern und meinen fünf Schwestern und ganz wenigen Freunden meine erste Eucharistiefeier. Mein 22-jähriger Bruder Georg hatte sich leicht verspätet. Auf der Fahrt zum Vatikan erlitt er im Autobus einen Ohnmachtsanfall. Wegen Übermüdung und Erschöpfung, so sind wir alle überzeugt, nicht ernst zu nehmen. Nach drei Wochen Erholung bei unseren Freunden in Ferrara wird er zu einer Weltkoryphäe in Sachen Gehirnchirurgie, Professor Krähenbühl, nach Zürich gebracht. Befund: Gehirntumor zwischen Kleinhirn und Gehirnstamm, inoperabel. Es folgen noch Krankenhausaufenthalte mit Bestrahlungen und Chemotherapie – alles umsonst. Schließlich wird er, der immer so kraftstrotzend und geistsprühend war und sich durch seine Banktätigkeit in Sursee und Paris bestens auf die Übernahme des väterlichen Geschäfts vorbereitet hatte, als unheilbar entlassen. Sein Zustand wird immer schlimmer. Ein Glied ums andere, ein Organ nach dem anderen versagt den Dienst. Ein fürchterlich langsamer Sterbeprozess: immer stärkere Belastung von Herz, Kreislauf und Atmung durch Wochen hindurch – ständig bei klarem Bewusstsein. Schließlich tagelanges Keuchen, bis er letztendlich – fast auf den Tag genau ein Jahr nach dem ersten Anfall – durch das steigende Wasser in der Lunge erstickt. Als Motto für das Totenbildchen meines Bruders habe ich den Satz aus dem Buch der Weisheit (4,13) gewählt: »Wer in kurzer Zeit zur Vollendung gelangt ist, hat lange Zeiten erfüllt.«

Und doch: Musste das sein? Ist dies wirklich der »von Gott gegebene«, »von Gott verfügte« Tod? So frage ich mich seither. Und ich antworte: Kein Mensch muss unbedingt alles dies bis zum Ende als »gottgegeben«, »gottgewollt«, gar »gottgefällig« in »Gottergebenheit« hinnehmen. Diese Überzeugung hat sich im Lauf der Jahrzehnte gefestigt. Und damit auch meine Überzeugung: So wie mein Bruder will ich auf keinen Fall sterben. Ich möchte auch nicht, dass andere Menschen so sterben müssen (vgl. »Erkämpfte Freiheit«, S. 151f.).

2. Nahtoderlebnisse: Elisabeth Kübler-Ross

Sterben, Tod und danach: Diese Thematik ist nicht
nur für die wissenschaftliche Forschung, sondern auch
für mich persönlich verbunden mit dem Namen der
schweizerischen Psychiatrieprofessorin Dr. med. Elisabeth Kübler-Ross (1926–2004), die später in Escondi-
do/Kalifornien lebte. Ihre Untersuchungen »On Death
and Dying« (New York 1969; dt.: »Über den Tod und
das Leben danach«), fußend auf den Berichten von
über 2000 todkranken Patienten, haben weltweit Aufsehen erregt. Als Erste hatte sie im Sterben fünf – oft
überlappende – Stadien auf dem Weg zum Tod festgestellt: zuerst Nicht-wahrhaben-Wollen – dann Zorn,
Groll und Neid – später Verhandeln – auch Depression – schließlich Zustimmung. Später setzte sie sich in-
tensiv mit Sterbeerlebnissen auseinander. Auch andere
Autoren wie Raymond A. Moody und Eckart Wiesen-
hütter veröffentlichten eine Fülle von Erfahrungen Er-
trunkener, Erfrorener, Abgestürzter, aber dann doch
Wiederbelebter. Erfahrungen von Menschen also, die
klinisch tot (»medically dead«) waren und von ganz
ähnlichen Sterbeerlebnissen berichten: außerhalb des
Körpers sein – Lichtphänomene – Stimmen …

In meiner ersten Vorlesung über »Ewiges Leben?«
im Studium Generale der Universität Tübingen am
7. Mai 1981 bin ich bei der Beurteilung der vielfach se-
riös bezeugten Phänomene zurückhaltend. Ich leugne
sie nicht, aber deute sie anders. Sind sie doch auch bei
anderen seelischen Sonderzuständen zu beobachten,

etwa im Traum, bei Schizophrenie, bei Einnahme von Halluzinogenen wie LSD oder Meskalin. Zugleich werden diese positiven Sterbeerlebnisse relativiert durch höchst angst- und qualvolle Sterbeerlebnisse, etwa im Fall von Vergiftungen. Jedenfalls lassen sie sich möglicherweise rein naturwissenschaftlich-medizinisch erklären, etwa als psychologische Schutzschaltung des Gehirns und Erregungen des Zentralnervensystems, vielleicht als so etwas wie ein letztes »Ersatzluftholen« des absterbenden Gehirns.

Über wissenschaftliche Details möchte ich kein Urteil abgeben, für meine theologische Analyse ist entscheidend: Keiner der »klinisch Toten« hat den biologischen Tod, hat den irreversiblen Verlust der Lebensfunktionen und Untergang aller Organe und Gewebe erlebt. Das heißt: Klinisch Tote haben den Tod als definitives Ende des Lebens nur »fast«, aber eben »nicht wirklich« erlebt. Sie waren nahe an der Schwelle des Todes, haben sie aber nicht überschritten. Diese Sterbeerlebnisse sind die letzten Minuten oder Sekunden *vor dem Tod*, für ein mögliches Leben *nach dem Tod* beweisen sie nichts. Aber sie geben zu denken. Präzise nennt man sie *Nahtoderfahrungen*.

An diesem Punkt unterscheide ich mich von Elisabeth Kübler-Ross, die in den Nahtoderfahrungen Beweise für ein Leben nach dem Tod sehen möchte. Das hindert mich aber nicht, sie für den 30. Mai 1983 an die Universität Tübingen zu einer Gastvorlesung einzuladen, was ich als Direktor des mittlerweile fakultätsunabhängigen Instituts für ökumenische Forschung tun kann, ohne jemanden fragen zu müssen. Keine medizinische oder theologische Fakultät hätte dies an meiner Stelle getan. Für die Mediziner ist Elisabeth Kübler-Ross zu wenig »wissenschaftlich« und fordert eine Stellungnahme zu einer Glaubensfrage heraus. Für die Theologen aber ist sie zu empirisch und zu wenig »theologisch«.

Doch der damalige Direktor der radiologischen Universitätsklinik, Professor Walter Frommhold, ist bereit, mit mir als Diskussionspartner aufzutreten. Der Zustrom des Publikums ist überwältigend. Als wir zu dritt die große Treppe zum Festsaal hinaufsteigen, kommen uns riesige Menschenmassen entgegen, sodass ich frage, was denn da für eine Lehrveranstaltung vorausgegangen sei. Man antwortet mir: »Wir wollten doch alle in den Festsaal oder ins Audimax für Frau Kübler-Ross, aber es ist alles total überfüllt.« Ihre Darlegungen, die dieses Mal von Kinderzeichnungen ausgehen, sind instruktiv und beeindruckend. Unsere Diskussion gerät aber doch kontrovers: Einwände des Radiologen werden von dem mit Frau Kübler-Ross sympathisierenden Publikum mit unwilligem Gemurmel kommentiert. Jedenfalls ist der Abend ein großes Erlebnis und hat die Diskussion mächtig vorangebracht.

Als ich im Winter zuvor vom Schweizer Fernsehen angefragt bin, am 19. Dezember 1982 mit Elisabeth Kübler-Ross ein 45-minütiges »Neujahrsgespräch« zu führen, unterbreche ich meine Weihnachtsferien und fahre nach Zürich. Auf den Wunsch der Moderatorin aber, ich möge doch die Sterbeforscherin »richtig in die Zange nehmen«, gehe ich nicht ein. Zwar melde ich einmal mehr deutlich meine Reserven an, aus Nahtoderfahrungen Beweise für ein ewiges Leben abzuleiten. Aber es schien mir ganz und gar unangemessen, diese bei all ihren Erfolgen höchst bescheidene und selbstlos wirkende Frau wie ein Anwalt ins Kreuzverhör zu nehmen. Das Publikum sollte meine Gegenargumente hören, aber schließlich selber entscheiden. Wichtig vor allem für mich als Theologen: Die Auseinandersetzung mit der Sterbe- und Todesfrage muss weitergehen! Der Kritiker der »Berner Zeitung« (6. 1. 1983) spricht von einer »Sternstunde«: »eine außergewöhnlich engagierte, sehr persönlich gehaltene, zutiefst menschliche Diskussion« (vgl. »Erlebte Menschlichkeit«, S. 605ff.).

3. Der verlorene Freund: Walter Jens

Mit meinem Tübinger Kollegen und Freund, dem Literaturwissenschaftler Walter Jens, spreche ich mehrfach über unser Sterben. Im Studium Generale der Universität Tübingen halten wir schließlich, wie berichtet, im Sommersemester 1994 unter dem Titel »Menschenwürdig sterben« eine Doppelvorlesung: »Ein Plädoyer für Selbstverantwortung.«

Überraschend aber kommt es bei Walter Jens ein Jahrzehnt später zu einer dramatischen Wende seiner gesundheitlichen Situation: Aufgrund einer Angiopathie, einer Gefäßerkrankung im Gehirn, fällt er seit 2004 in eine sich rasch verschlimmernde Demenz – ähnlich der Alzheimerschen Krankheit. Vor allem für seine Frau Inge, mit der er 57 Jahre glücklich verheiratet ist, eine beinahe unerträgliche Situation. Als ihm die Krankheit das Erinnern, Denken und Sprechen geraubt hat, verkündet sein Sohn, ein Journalist, in einem großen Artikel in der »Frankfurter Allgemeinen Zeitung« aller Welt, wie schrecklich sich diese Krankheit konkret auswirkt. Er verknüpft sogar ihren Ausbruch ohne überzeugendes Argument mit seines Vaters Verdrängung seiner gegen Kriegsende vollzogenen Mitgliedschaft in der NSDAP als 19-Jähriger (vgl. zu dieser Problematik Malte Herwig, »Die Flakhelfer. Wie aus Hitlers jüngsten Parteimitgliedern Deutschlands führende Demokraten wurden«, München 2013). Als Schweizer, der von Krieg und Nazismus verschont blieb, möchte ich mir über die Motive meiner Altersgenossen (Hans-Dietrich Genscher, Günter Grass, Dieter Hildebrandt, Walter Jens, Walter Scheel, Martin Walser …) kein Urteil anmaßen.

Ich bin bestürzt und besuche Walter Jens am 7. März 2008, zu seinem 85. Geburtstag, zusammen mit Karl-Josef Kuschel, der ihm bei dieser Gelegenheit sein überarbeitetes Buch »Walter Jens, Literat und Protestant« überreicht, in welchem er das literarisch-theologische Œuvre von Jens zum ersten Mal im Zusammenhang dargestellt hat. Ein Foto, das bei dieser Gelegenheit von uns dreien aufgenommen wird, zeigt ihn in Würde mit einem dankbaren Lächeln. So soll der große Rhetor, der 2013 endgültig verstummt ist, uns im Gedächtnis bleiben.

Seine Frau Inge, als Philologin vor allem durch die mit bewundernswerter Akribie edierte Ausgabe von Thomas Manns Tagebüchern bekannt geworden, hatte mit ihrem Mann zusammen noch 2003 den Bestseller »Frau Thomas Mann« veröffentlichen können. Sie hat den Mut, für eine Öffentlichkeit, die jetzt nach authentischer Information verlangt, ein Interview zur Situation ihres Mannes zu geben, in dem sie viele Leser durch ihre Ehrlichkeit und taktvolle Menschlichkeit tief berührt: »Den Mann, den ich liebte, gibt es nicht mehr ...« Selbst schon 81-jährig, erzählt sie, wie sie ohnmächtig dem langsamen »Entschwinden« ihres Mannes in eine Welt zusehen musste, zu der sie wenig oder keinen Zugang hat: »Der Geist ist weg, aber das Gefühl ist noch da; wie fürchterlich es wird – ich hätte es nicht für möglich gehalten.«

Auch als regelmäßiger Besucher kann ich nur ahnen, wie schwierig sich im Alltag das Leben mit einem Demenzkranken gestaltet. Selbst neueste Spielfilme über Demenzkranke wagen (lobenswerterweise) nicht, die fürchterlichsten Folgen der Demenzkrankheit zu zeigen. Doch dass gerade die Alzheimersche Krankheit alles andere als harmlos ist, vielmehr den Kranken psychisch wie physisch total zerrütten und die Angehörigen über Jahre hinweg aufs Stärkste belasten kann, habe ich bereits in meinem Buch »Menschenwürdig sterben« belegt mit einem Zitat des renommierten Chirurgen S. B. Nuland; ich wiederhole es in diesem

Buch in Kap. III, 3. 1,3 Millionen Alzheimerkranke gibt es nach Auskunft der Deutschen Alzheimer-Gesellschaft im Jahr 2012 allein in Deutschland.

Auf Sterbehilfe angesprochen, fragt Inge Jens mich: »Könntest du ihm jetzt ein Ende machen?« Ich antworte: »Nein, das kann man nicht.« Wer bin ich, das zu entscheiden? Das hätte Walter allein in der Frühphase seiner Krankheit entscheiden müssen. Und so muss seine Frau jetzt feststellen: »Ja, er wollte, das hat er über viele Jahre für sich reklamiert, immer eine freie Entscheidung über sein Lebensende treffen. Aber den Zeitpunkt, den hat er im wahrsten Sinne des Wortes verpasst.« Und ich kann verstehen, wenn sie hinzufügt: »Ich bete, dass er eines Morgens einfach nicht mehr aufwacht. Wenn ich einen Wunsch äußern darf, dann den, dass er an einem Infarkt, einem Schlag, was immer es ist, schnell sterben mag, ohne es groß zu merken.« Am Vorabend seines 90. Geburtstags (8. 3. 2013) besuche ich ihn erneut. Zehn Jahre sind es schon seit dem Beginn seiner Demenz. Es ist deprimierend. Inge sagt zu mir: »Wir können nicht reingucken in seinen Kopf, und er kann uns seit vielen Jahren schon nicht mehr sagen, was in ihm vorgeht. Für Außenstehende ist es ein trauriges Dasein. Ich kann nur hoffen, dass es für ihn selbst nicht so traurig ist.«

So erlebe ich denn aus nächster Nähe mit, was sich für Tausende und Abertausende von Patienten in aller Welt ebenso abspielt. Doch ich muss mir auch sagen: Wo hätte Walter Jens denn gerade in Deutschland den Arzt gefunden, der ihm zum Sterben hätte helfen können? Er hätte wohl in die Schweiz reisen und eine Sterbehilfeorganisation in Anspruch nehmen müssen. Manchmal packt mich der Zorn, wenn ich in der Presse von den immer wiederholten Ausflüchten und Fehlbehauptungen von Ärzte-, Juristen- und Kirchenfunktionären lese, die eine gründliche gesetzliche Regelung dieser unhaltbaren Situation blockieren. Gibt es doch zahllose Fälle von lebensmüden Menschen, bei denen es wahrhaftig nicht an menschlicher Zuwendung und an Palliativmedizin fehlt. »Furchtbar … Ich möchte sterben.« So hatte ich mehrfach bei Besuchen aus dem Mund von Walter Jens gehört. Aber es ist niemand da, der ihm dazu hilft. »Mein Gott, warum hast Du mich verlassen …« (vgl. »Erlebte Menschlichkeit«, S. 616ff.).

Gleichzeitig aber höre ich von einem Arzt, der für seine eigene, seit Jahren schlimm leidende und immer wieder nach dem Tod verlangende Mutter unauffällig bei verschiedenen Stellen todbringende Medikamente zusammengekauft hat, um ihr schließlich zu einem ruhigen Sterben zu verhelfen. Wie vieles ist doch auf diesem Gebiet illegal, kann aber moralisch legitim sein! Es ist jedenfalls todtraurig, wie mir im Juli 2012 mitgeteilt wird, wenn eine 72-jährige sterbenswillige Patientin mit metastasierendem Bauchspeicheldrüsenkrebs im Endstadium zur Schmerzlinderung in die Palliativabteilung eines Krankenhauses eingewiesen wird und sich dort um vier Uhr nachts aus dem Fenster stürzen muss, nur um endlich sterben zu können. Kann ein Verweigern der Sterbehilfe, frage ich mich, Sterbenden gegenüber nicht ebenso ein Missbrauch sein, wie wenn man einen Schwerkranken zum Sterben drängt?

Aber damit habe ich meine drei Schlüsselerlebnisse geschildert und meine Einstellung zu Sterben und Sterbehilfe angedeutet. Im Folgenden soll sie genau analysiert, differenziert und philosophisch-juristisch wie spirituell-religiös begründet werden. Ich setze ein mit einer knappen Darlegung einiger Grundregeln, die für Entscheidungen im Einzelfall von größter Wichtigkeit sind.

II. Medizinethische Normen

1. Für eine Ethik der Menschlichkeit

Im medizinischen Bereich gilt im Prinzip keine andere Moral als in anderen Lebensbereichen, wie etwa in der Politik, Wirtschaft, Kultur, Erziehung. Es gibt einige wenige elementare ethische Regeln, die für alle Menschen und ihre Institutionen gelten. Vor allem gibt es ein erstes Grundprinzip der Ethik, das, wenn es universale Geltung besitzen soll, ganz allgemein formuliert sein muss. Und dann kann dies nur heißen: »Jeder Mensch soll menschlich behandelt werden.« Dieses *Grundprinzip der Humanität* bildet eine Basis der »Erklärung zum Weltethos« von 1993, die ich schon in meinem persönlichen Vorwort zitiert habe. Es meint unmissverständlich »jeder Mensch«: Mann *und* Frau, weiß *und* farbig, reich *und* arm, jung *und* alt, gesund *und* krank. Dem ethischen Grundprinzip der Humanität entspricht Artikel I des Grundgesetzes für die Bundesrepublik Deutschland: »Die Würde des Menschen ist unantastbar. Sie zu achten und zu schützen ist Verpflichtung aller staatlichen Gewalt.«

Doch was heißt »menschlich«? Negativ definiert leuchtet es sofort ein: »Menschlich« heißt jedenfalls nicht unmenschlich, gar bestialisch. Es herrscht Übereinstimmung, dass es unmenschlich ist, Gefangene zu foltern, Kinder und Jugendliche zu missbrauchen, aber eben auch Menschen als pures Mittel zum Zweck medizinischer oder biologischer Experimente zu benützen.

Doch lässt sich »menschlich« auch durchaus positiv bestimmen: Schon in »Projekt Weltethos« (1990) habe ich es wie folgt umschrieben: »Der Mensch muss mehr werden, als er ist: er muss menschlicher werden! Gut für den Menschen ist, was ihn sein Menschsein bewahren, fördern, gelingen lässt – und dies noch ganz anders als früher« (S. 53). Der Arzt ist ja heute in der beneidenswerten Position, dass er viel mehr Menschen, gerade auch sterbenskranken, helfen kann, als dies früher der Fall war.

Im moralischen Bereich gilt also: Der Mensch soll sich wahrhaft menschlich, das heißt human verhalten. Dieses erste Grundprinzip der Humanität wird verdeutlicht und zugespitzt durch das ethische *Grundprinzip der Reziprozität*, der Gegenseitigkeit, im Deutschen sprichwörtlich: »Was du nicht willst, das man dir tu, das füg auch keinem andern zu.« Selbstverständlich ist diese »Goldene Regel« kein Rezept für bequeme moralische Lösungen für alle humanmedizinischen Probleme. Wohl aber kann sie als eine allgemeine Richtlinie dienen für ein ethisch-humanes Verhalten von Ärzten, Pflegepersonal und Angehörigen, das sich noch deutlicher formulieren lässt:

2. Was soll Grundnorm ärztlichen Handelns sein?

Allgemein anerkannt ist für ärztliches Handeln der Grundsatz: »Salus aegroti suprema lex – das Heil des Kranken sei die oberste Norm!« Die »Erklärung von Genf« der World Medical Association bindet den Arzt mit den Worten: »The health of my patient will be my first consideration – das Wohl des Kranken wird mein erstes Anliegen sein.« Und der internationale »Code of Medical Ethics« fordert: »A physician shall act in the patient's best interest when providing medical care – ein Arzt soll bei der medizinischen Betreuung im besten Interesse des Patienten handeln.«

Dies kann man betrachten als Anwendung des erwähnten Grundprinzips eines gemeinsamen Menschheitsethos: »Jeder Mensch, ob gesund oder krank, soll menschlich und nicht unmenschlich behandelt werden.« Grundnorm für ärztliches Handeln soll sein: *fürsorgende Menschlichkeit* – bis hinein ins Sterben.

3. Was heißt fürsorgende Menschlichkeit für Menschen heute?

Offensichtlich ist es nicht selbstverständlich, dass der Mensch und auch der Arzt sich in jeder Situation wahrhaft menschlich, human verhält. Warum? Der Mensch ist, das ist für uns keine Frage mehr, aus dem Tierreich hervorgegangen, er ist deshalb von seiner Evolution her immer Geistwesen und Triebwesen. Auch in der medizinischen Behandlung soll der Mensch folglich weder materialistisch als geistloser Körper noch idealistisch als leibbeherrschender Geist verstanden werden, vielmehr muss er als psychosomatische, leib-seelische Einheit, müssen Leib und Psyche als Ganzheit, muss er als Person verstanden und behandelt werden.

Daraus folgt für den *Patienten*: Der Mensch behält auch als Invalider, Kranker, Schwerkranker, Todkranker seinen vollen personalen Wert, selbst wenn er keine »Leistung« mehr erbringen kann. Jedes Menschenleben ist sinnvoll und bleibt sinnvoll, daher ist auch jede Sorge für das Menschenleben sinnvoll und bleibt sinnvoll, und jeder Mensch, auch der arme, kranke und alt gewordene, hat ein Recht auf angemessene Pflege. Druck auf ihn auszuüben, sein Leben als angeblich »wertlos« oder »belastend« zu beenden, ist Ausdruck von Unmenschlichkeit, ist Barbarei, ist eine Schande.

Der *Arzt* aber soll nie nur Krankheiten behandeln, die der Mensch *hat*, sondern den Menschen, der krank *ist*. Jede Therapie soll gewiss auf pathophysiologischer Kenntnis, Erfahrung und prognostischer Einschätzung basieren, soll sich aber zugleich an sittlichen Normen orientieren. Auch hochtechnisierte Medizin mit ihrer apparativen Therapie darf nicht zur Vereinsamung der Schwerkranken führen und gerade die perfekte Klinik nicht zur bloßen Servicestation optimaler biochemischer Versorgung werden. Der Sprach-Losigkeit in unseren Sprech-Zimmern sowie der Entpersönlichung in unseren Krankenhäusern und der überall drohenden

Dominanz der Apparate muss Einhalt geboten werden dadurch, dass die menschliche Person in den Mittelpunkt gestellt wird.

Der Auftrag des Arztes sollte sich aber nicht darauf beschränken, Leben zu erhalten und Krankheit zu heilen. Der Arzt sollte auch, wo dies nicht mehr möglich ist, zu einem »guten Tod« verhelfen: in möglichster Leidens- und Schmerzfreiheit; er sollte Hoffnung machen auf ein friedliches Sterben. An die Adresse des *Theologen* aber wird nun nicht zuletzt von Ärzten die Gegenfrage gerichtet:

4. Lässt sich Menschlichkeit nicht auch ohne Religion praktizieren?

Durchaus! Menschlichkeit, Humanität ist ein universelles Prinzip, das für Gläubige wie Nichtgläubige gilt. Faktisch steht fest, dass in der Geschichte gerade Menschen, die ihren Humanismus nicht religiös begründeten, einen enormen Einsatz für mehr Menschlichkeit an den Tag gelegt haben. *Unaufgeklärte Religion* aber hat bekanntlich oft zu Unmenschlichkeit geführt: zur Reduktion der Krankheit auf Dämonen oder den Satan, auf die Erbsünde, persönliche Verschuldung oder gar göttliche Strafe. Aber oft auch zur frommen Resignation gegenüber der Krankheit, zum christlich verbrämten Fatalismus, zur religiös bestimmten Vernachlässigung der Medizin oder der Medikamente. Oft lässt sich auch heute noch in allen Religionen eine Regression zu abergläubischen medizinischen Praktiken, zu Magie, Okkultismus und Tabus feststellen.

Doch ist offenkundig, dass nicht nur unaufgeklärte Religion, sondern auch »aufgeklärte« *Religionslosigkeit* oder scheinaufgeklärte *Pseudoreligion* zu Unmenschlichkeit führen können. Dabei spielen gerade auch Mediziner eine nicht unbedeutende Rolle. Ich denke dabei nicht nur an die Menschenversuche und Euthanasie-Programme im Nationalsozialismus, sondern auch an die japanischen Experimente mit Kriegsgefangenen und schließlich an bestimmte Forschungsprogramme an Menschen und menschlichem Erbgut in den USA.

Selbstverständlich verbinde ich mit diesem Befund nicht eine Aufforderung, die ungezählten Opfer von Inquisition und Religionskriegen aufzurechnen mit den Millionen Opfern der modernen gottlosen Ideologien. Vielmehr rufe ich auch in diesem Fall dazu auf, sich zunächst die eigenen Verfehlungen vor Augen zu führen und dann über die andere Seite zu sprechen, also Kritik mit Selbstkritik zu verbinden. In diesem Sinne die weitere Frage:

5. Kann gerade Religion eine Basis für eine Medizin der Menschlichkeit sein?

In der Tat, *aufgeklärte Religion* kann überzeugend Menschlichkeit begründen – in einer den Menschen übersteigenden allerletzten und allerersten Wirklichkeit. Dies ermöglicht der Medizin statt einer einseitigen naturwissenschaftlich-technologischen Sichtweise eine ganzheitliche *mehrdimensionale Betrachtung.* Diese vermag dem ganzen Menschen besser gerecht zu werden, indem sie zugleich Gesichtspunkte erstens der Wissenschaftlichkeit, zweitens der Rechtlichkeit und drittens der Sittlichkeit berücksichtigt. Nicht eine religiöse Medizin ist anzustreben, wohl aber eine moralisch fundierte und religionsoffene, welche die Tiefendimensionen der Wirklichkeit nicht ausblendet, sondern die Grundfragen der menschlichen Existenz und auch des Homo patiens, des leidenden Menschen, entschlossen in die medizinische Betrachtung einbezieht. Dies betrifft nicht zuletzt die Frage des Sterbens und eines Lebens nach dem Tod.

Bedenken wir: Wenn dieser Gott existiert, wie Jesu von Nazaret ihn verkündet hat, der allumfassend und allesdurchwirkend zu dem Menschen gerade im Tod eine neue Beziehung aufnimmt, da alle übrigen Beziehungen zu Menschen und Dingen abgebrochen sind, dann wäre für ein Lebensvertrauen eine unerschütterliche Grundlage gegeben: Der Mensch wird so befähigt, nicht nur menschenwürdig zu leben, sondern auch menschenwürdig zu sterben.

Denn für den *Kranken* bedeutet dies: Er braucht sich nicht ängstlich an das Leben als sein Letztes zu klammern, sondern darf sich in großer Freiheit, Gelassenheit und Getröstetheit auf diese allerletzte, allererste Wirklichkeit einlassen. Kampf um die Gesundheit kann gewiss sinnvoll sein, ein Kampf gegen den Tod um jeden Preis aber – ein Helfen, das zum Quälen wird – ist unsinnig. Sinnvoll kann in einer bestimmten Situation tatsächlich nur noch das Gebet sein, ein letztes, von Vertrauen getragenes Loslassen.

Und dies bedeutet für den *Arzt*: Er wird im Tod nicht seinen Todfeind sehen, dem er, wenn er ihn schon nicht mehr zu bekämpfen vermag, ausweicht. Vielmehr wird der Arzt fähig, den Sterbenden bis zum Ende zu begleiten, sodass nicht, wenn der Tod kommt, der Arzt geht.

Oder ist dies zu viel verlangt? Ein zu hoch gestecktes Ideal? Wie immer: Angewandte Humanität wäre so die ärztliche Maxime konsequent bis zum Ende: eine ärztliche Leistung, unaufrechenbar für Krankenkassen, unbezahlbar vom Patienten, doch kostbarer als viele teure Medikamente. Die Aufgabe und die Bedeutsamkeit des Arztes ist jedenfalls viel größer, als gemeinhin angenommen wird.

6. Sterbehilfe und Weltethos

Es bleibt dabei (wie schon in meinem persönlichen Vorwort angekündigt): Mein Engagement für Sterbehilfe ist meine ganz persönliche Angelegenheit; es darf weder der Weltethos-Stiftung noch dem Weltethos-Institut angerechnet oder angekreidet werden. Doch bin ich davon überzeugt, dass ich im Namen vieler Menschen spreche, die in ihrem Sterben nach einer verantwortungsvollen Hilfe suchen. Welche Form der

Sterbehilfe ethisch verantwortbar ist, soll in einem folgenden Kapitel diskutiert werden. Aber sicher ist schon jetzt: Keine Sterbehilfe ist akzeptabel, die den grundlegenden Prinzipien eines Weltethos widerspricht. Sowohl die Humanitätsregel wie die Goldene Regel der Gegenseitigkeit ist zu beachten und alles der Ehrfurcht vor dem Leben untergeordnet. Die meisten Menschen würden eine Sterbehilfe verabscheuen, die sie als inhuman oder gar bestialisch empfinden. Insofern bildet das Weltethos den sittlichen Rahmen einer verantwortungsvollen Sterbehilfe, im weitesten Sinn auch einer »Hilfe beim Sterben«.

III. Das Bemühen um ein menschen-
würdiges Sterben

1. Nutzen und Grenzen der Palliativmedizin

Die höchst hilfreiche Palliativmedizin (vom lat. »pallium« = Mantel, umhüllen) hat große Fortschritte gemacht und muss in vollem Umfang eingesetzt werden, um Schmerzen, aber auch Ängste, Unruhe, Atemnot und andere belastende Symptome zu bekämpfen. Schmerztherapie kann vielen unheilbar Kranken ihr Endstadium erträglich machen. Allerdings ist die medizinische »Ummantelung« nicht die Antwort auf alle Sterbewünsche. Schmerzen können Schwerstleidenden nicht in jedem Fall genommen werden. Hinzu kommt: Manche Menschen möchten sterben, obwohl sie nicht an unbehandelbaren Schmerzen leiden. Verschiedene Gesichtspunkte sind hier zu beachten:

a) Der Ausbau und die flächendeckende Versorgung mit Schmerztherapie und Palliativmedizin ist dringend geboten. Anzustreben ist die Schaffung weiterer Lehrstühle und die obligatorische Einführung der Medizinstudenten in die Palliativmedizin. Erfreulicherweise gibt es jetzt immer mehr Pioniereinrichtungen wie etwa seit 1991 das »Tübinger Projekt«; es ist somit bundesweit der dienstälteste ambulante Palliativdienst. Auch in der Tropenklinik Paul-Lechler-Krankenhaus in Tübingen hat die palliativmedizinische Versorgung

Tradition: Seit 2007 gibt es dort eine Palliativeinheit mit sechs Betten und durch Kooperation mit dem Universitätsklinikum Tübingen seit Januar 2014 eine eigenständige Palliativstation mit zehn Betten, die auch hochbetagten schwerstkranken und nicht heilbaren Patienten (besonders Krebspatienten) durch besondere medizinisch-psychologische Betreuung noch Lebensqualität zu geben versucht. Doch die Verwirklichung all der weitreichenden Pläne erfordert Jahre und Jahrzehnte.

b) Palliativmedizin und Sterbehilfe dürfen nicht gegeneinander ausgespielt werden. Es geht um keine Konkurrenzunternehmen. Jedes Jahr sterben in Deutschland über 800000 Menschen. Und wie viele erschießen sich, werfen sich vor einen Zug, springen von einem Hochhaus ...: ein gewaltsames menschenunwürdiges Sterben, das eine sorgfältige Suizidprophylaxe oft hätte verhindern können. Sterbehilfe und Palliativmedizin sind natürlich für die Mediziner ein Entwicklungsproblem, in das sie auch hineinwachsen müssen. Ärzte sollten offen mit ihren Patienten über deren Selbsttötungsgedanken sprechen können, ohne gleich rechtliche Konsequenzen fürchten zu müssen, falls sie keine (meist freiheitsentziehende) Maßnahmen unternehmen, um den Suizid zu verhindern.

c) Auch das breite Maßnahmenspektrum der modernen Schmerztherapie bringt in manchen Fällen nur »weitgehende« Schmerzlinderung – außer man nimmt dem Patienten in einem solchen Fall alle »Wachheit« (»Vigilanz«) und macht ihn willenlos, ja bewusstlos. Sterbewünsche müssen also ernst genommen werden; vielen kann mit »mehr Zuwendung« begegnet werden, aber nicht allen. Auch spezialisierte Schmerztherapeuten räumen ein, dass auftretende Schmerzen in manchen Fällen nicht behandelbar sind; Hospizpersonal berichtet von ähnlichen Erfahrungen. Nach ärztlicher Erkenntnis können auch heute nicht bei allen krebskranken Sterbenden die Schmerzen »weitgehend« gelindert werden.

Es gibt aber auch sehr krasse Fälle: »Ich bin 69 Jahre alt und nicht dement. Jedoch leide ich an sehr, sehr starken Schmerzen infolge innerer Operationsnarben und Nervenstörungen. Dagegen muss ich täglich Medikamente in hoher Dosierung, darunter auch Anästhetika, nehmen. So wie es mir mit diesen höllisch-scheußlichen Schmerzen geht – trotz angeblich schmerzlindernder Medikamente –, kann ich nur sagen: Sogenannte Palliative-Care-Behandlungen zur Linderung unerträglicher Schmerzen können auch eine Lebenslüge sein. Auch somatisch gesunde, aber demente Patienten können chronische Schmerzen erleiden (ohne sich aber dazu äußern zu können), das habe ich schon gesehen, als ich noch als Schwester in der Alters-Psychiatrie gearbeitet habe« (C.-S. Übelhart, in: EXIT-Info, 4/2013).

d) Grund für Sterbewünsche sind nicht nur unerträgliche physische Schmerzen, sondern auch der andauernde schmerzhafte Verlust der individuell persönlich empfundenen Würde und des Lebenssinns oder die fehlende Aussicht auf eine Verbesserung der gesundheitlichen Situation. Es wird immer wieder von Patienten berichtet, die sich nach der Entlassung aus einer Palliativstation trotz Schmerzfreiheit selbst getötet haben oder in die Schweiz gereist sind, um sich bei der Selbsttötung helfen zu lassen. Das von betroffenen Menschen als unerträglich empfundene Leiden darf freilich nicht auf einer möglicherweise heilbaren psychischen Krankheit beruhen, wenn Sterbehilfe angestrebt wird. Depression kann bei einem Sterbewunsch zusätzlich auftreten. Doch sollte ausgeschlossen werden, dass die Depression die Ursache für den Sterbewunsch ist. Viele Menschen können sich für die eigene Person eine aktive Sterbehilfe oder einen assistierten Suizid vorstellen, wenn sie Verrichtungen wie Essen, Atmen und zur Toilette gehen nicht mehr selbstständig durchführen können.

e) Den Bedarf bei Schwerstkranken an ärztlich assistiertem Suizid belegt eine Studie des Instituts für Medizinethik der Ludwig-Maximilians-Universität München im Januar 2014 (mitgeteilt von ARD-Redakteur Dr. Ulrich Neumann): Von 66 schwerstkranken Patienten, die an einer Muskellähmung infolge der Nervenerkrankung ALS (degenerative Erkrankung des motorischen Nervensystems mit Muskelschwäche und Muskelschwund) leiden, äußerten fast die Hälfte (42 Prozent), dass sie an Suizid denken. 50 Prozent könnten sich vorstellen, ihren Arzt um Suizidhilfe zu bitten. Gleichzeitig belegen die Patienteninterviews, dass sich fast keiner traut, seinen Arzt darauf hin anzusprechen. »Man kann daraus schließen, dass Gespräche über Suizidhilfe ein Tabu sind im Verhältnis zwischen Arzt und Patient«, sagt Studienleiter Dr. Ralf Jox. Ein striktes Verbot der Suizidhilfe werde diesen Schwerstkranken nicht gerecht, so die Meinung des Münchner Mediziners. Er plädiert für eine Regelung mit klaren Rahmenbedingungen und Kontrollen, die den Ärzten die Suizidhilfe ermöglicht. Ralf Jox: »Eine solche Regelung könnte nicht nur Rechtssicherheit bieten, sondern könnte die Sorgen und Ängste der Patienten, ihre Autonomie ernst nehmen.«

66 Prozent der Deutschen befürworten nach einer dpa-Meldung vom Mai 2012 »aktive Sterbehilfe«, sollte das Schicksal sie in die klägliche Lage eines unheilbar Kranken und Leidenden zwingen. Eine weitere, im Auftrag der Deutschen Gesellschaft für humanes Sterben (DGHS) ausgeführte FORSA-Befragung im August 2012 deckte auf, dass 77 Prozent der Befragten einen ärztlich begleiteten Freitod in ihrem eigenen Land begehren, statt dafür in die Schweiz reisen zu müssen.

Auch in den USA – laut einem Bericht des renommierten Pew Research Center von 2013 – halten 62 Prozent der Befragten Suizid für ein »moralisches Recht«, wenn der Mensch unter großen Schmerzen steht, ohne Hoffnung auf Verbesserung. Immerhin, 47 Prozent der Erwachsenen in den USA würden Gesetze befürworten, die ärztliche Hilfe beim Suizid gestatten.

2. Ein Ja zur Hospizbewegung

Sterbehilfe darf auch nicht gegen die höchst verdienst-
volle Hospizbewegung ausgespielt werden, auch sie
müssen sich ergänzen.

a) Gerade weil der Mensch Mensch ist und auch als
Todkranker (Tod zu erwarten in absehbarer Zeit)
oder als Sterbender (Tod in kurzer Zeit zu erwarten)
bis zum Ende Mensch bleibt, hat er ein Recht nicht
nur auf eine der Würde seiner Person angemessene
Lebens-Zeit, sondern auch auf ein würdiges Abschied-
nehmen und ein würdiges Lebens-Ende. Die *Hospizbewegung*, bei der nicht das medizinische Bemühen
um Heilung oder Lebensverlängerung, sondern die
persönliche Zuwendung durch Gespräch, Nähe, Ge-
borgenheit und so das Bemühen um ein menschen-
würdiges Sterben im Mittelpunkt stehen, verdient moralische Unterstützung und praktisch-gesellschaftliche
Förderung.

Ich habe deshalb den Wunsch der Stuttgarter Pho-
tographin Anna-Lisa Lange nach einem entsprechen-
den Vorwort für ihr Buch »Brücken der Menschlichkeit« für das »Leben und Sterben im Hospiz« gerne
erfüllt. Sie war zusammen mit ihrem Kollegen Johannes Wosilat ein Jahr lang mit der Kamera unterwegs,
um mit Sterbebegleitern sterbenskranke Menschen
zu Hause, im Hospiz, Krankenhaus oder Altersheim
in eindrucksvollen Bildern, traurigen, aber auch hei-
teren, zum Ausdruck zu bringen: also nicht nur das

naturgegebene Absterben, sondern gleichzeitig auch die glücklichen Momente. Auf diese Weise soll nicht nur das Schwere, sondern auch das Leichte am Sterben nahegebracht werden.

Wir brauchen unbedingt mehr Hospize. Erfreulicherweise gibt es jetzt neben den stationären Hospizen auch immer mehr ambulante Hospizgruppen und vor allem auch mehr Pflegerinnen und Ärztinnen, die, auf die Situation besonders vorbereitet, zu den Menschen nach Hause kommen. Und selbstverständlich sollen alle medizinisch sinnvollen lebenserhaltenden Maßnahmen eingesetzt werden, wenn Patienten dies wünschen oder so verfügt haben.

b) Aber das Recht auf würdiges Sterben wird dem Menschen manchmal durch endloses Hängen an Apparaten oder durch Medikamente verwehrt. Es darf nicht sein, dass der Sterbeprozess zu einem monate- oder jahrelangen Dahinvegetieren pervertiert, sichergestellt durch Techniken pharmakologischer »Ruhigstellung« oder die künstliche Zufuhr von Nahrung und Flüssigkeit (etwa bei Wachkoma).

Erfreulicherweise arbeiten immer mehr Spitäler mit dem Konzept der »Palliative Care«. Darunter versteht man Maßnahmen, die das Leiden eines unheilbar kranken Menschen lindern und ihm so eine bestmögliche Lebensqualität bis zum Ende verschaffen. Sie schließt nicht nur medizinische und pflegerische Behandlungen ein, sondern ebenfalls psychologische, soziale und spirituelle Unterstützung. Auch die nahestehenden Angehörigen werden in den Prozess mit einbezogen. In der Palliative Care ist man bestrebt, die kranken oder sterbenden Menschen soweit wie möglich an einem von ihnen gewünschten Ort zu begleiten. Vernetzte Strukturen sollen eine Kontinuität bei der Behandlung und der Betreuung ermöglichen. Besonders in Baden-Württemberg (mit dem erwähnten Tübinger Projekt als »Speerspitze«), aber auch in der Schweiz bemüht man sich, ein flächendeckendes Palliative-Care-Angebot zu etablieren und Palliative Care im Gesundheits- und Sozialwesen sowie in Bildung und Forschung zu verankern.

c) Auch mit meinem dritten Gesichtspunkt will ich die Hospizbewegung nicht grundsätzlich kritisieren, sondern in den größeren Zusammenhang einer wirklich humanen Sorge für sterbende Menschen stellen. Der Soziologe Prof. Reimer Gronemeyer (Gießen) bejaht die Hospizbewegung voll und ganz, sieht aber zurzeit die Gefahr einer falschen Aufblähung: »Die Hospizbewegung wollte eine neue humane Begleitung. Was wir jetzt sehen, ist eigentlich die Entwicklung eines von der Medizin dominierten Apparates, der immer mehr die Züge einer neuen Abteilung der Versorgung im Krankenhaus gewinnt, die zwar immer raffinierter, immer flächendeckender und immer in gewisser Weise perfekter wird, aber doch manchmal den Eindruck erweckt, so etwas wie eine industrielle Sterbeversorgung am Horizont auftauchen zu sehen.« In seinem neuen Buch (zusammen mit Andreas Heller) »In Ruhe sterben« (2014) macht Gronemeyer klar, »was wir uns wünschen und was die moderne Medizin nicht leisten kann«: »Man könnte den Eindruck haben, dass insbesondere da, wo die Palliativmedizin das Zepter schwingt, sich ein Weg der Perfektion bei gleichzeitig zunehmender Kälte durchsetzt. Ich denke, wenn wir uns auf dem Weg zu einem ›qualitätskontrollierten Sterben‹ befinden, dann sind wir auf dem falschen Weg. – Die Medizin kann vieles leisten, und sie ist zunehmend wichtig geworden im Umgang mit dem Lebensende. Aber zugleich müssen wir mit Vehemenz darauf pochen, dass die Medizin nicht alles kann. Und dass diese Grundfragen, die mit dem Lebensende verbunden sind – Was wird aus mir? Wem muss ich noch etwas verzeihen oder wen muss ich noch um Verzeihung bitten? –, den Rahmen der Medizin sprengen. Ich würde mir eine Palliativmedizin, auch eine Hospizbewegung wünschen, die sich selbst begrenzt und deutlich sagt, was sie kann und was sie nicht kann« (SWR 2/Wissen, Aula-Vortrag vom 20. 4. 2014: »Sterben ohne Apparatemedizin – Plädoyer für das, was wir uns wünschen«).

3. Dem Morbus Alzheimer ausgeliefert?

Tübingen hat nun einmal zu dieser Krankheit eine besondere Beziehung. Denn es war hier, dass im Jahr 1906 der Arzt Alois Alzheimer (1864 – 1915) zum ersten Mal von einem »eigenartigen und schweren Erkrankungsprozess der Hirnrinde« berichtete, die er auf typische Eiweißablagerungen im Gehirn, entweder zu viel produziert oder zu wenig abgebaut, zurückführte. Aber die damalige Tübinger Medizinische Fakultät nahm den Alzheimer-Bericht leider nicht ernst.

Es war aber auch in Tübingen, wo man die Alzheimer-Krankheit in besonderem Maß zum Gegenstand der neurobiologischen Forschung machte. Im Rahmen des Hertie-Instituts für klinische Hirnforschung leitet der Schweizer Neurobiologe Prof. Mathias Jucker seit 2009 das Deutsche Zentrum für Neurodegenerative Erkrankungen (DZNE) der Universität. Jucker findet es verwunderlich, dass man für die vor über hundert Jahren diagnostizierte Alzheimer-Krankheit noch immer keine Therapie gefunden hat. Auf die Frage, was man präventiv machen könne, antwortet er mir mit einem Lächeln: »Werden Sie nicht alt, dann bekommen Sie die Krankheit nicht!«

In der Tat: Der größte Risikofaktor für Neurodegeneration ist das Alter. Doch die zugrunde liegenden Mechanismen sind praktisch unbekannt. Als protektive Faktoren werden genannt: Sport, geistig aktiv werden, gesunde Ernährung, soziale Beziehungen erhalten … Alzheimer-Impfung nur, wenn ohne Nebenwirkungen, was es bisher nicht gibt. Aber ich zweifle nicht daran, dass man durch eine solch intensive Forschung den vielen Menschen, für die das Altern eine zunehmende Last bedeutet, wertvolle Hilfen verschaffen kann; Alterskrankheiten sind nicht unabwendbar. Auch zweifle ich nicht daran, dass man auf diese Weise den Ursachen der verheerenden Alzheimer-Krankheit auf den Grund gehen und damit einer wirksamen Therapie näher kommen kann.

Nun ist es selbstverständlich zu begrüßen, wenn – erneut am Beispiel von Tübingen und Umgebung illustriert – auch Gerontopsychiatrische Beratungsstellen im Landkreis sowie das Geriatrische Zentrum am Universitätsklinikum Tübingen Informations- und Aktionskampagnen unter dem Titel »Demenz – mitten unter uns« durchführen. Demenz führt für Betroffene wie für Angehörige sehr oft zu Überforderung und Isolation. Allein im Landkreis Tübingen gibt es etwa 3000 Demenzkranke. Begreiflich, dass man den Menschen die Angst vor Demenz nehmen will, indem man Rat anbietet, wie Betroffene und Angehörige in bestmöglicher Weise mit einer Alzheimer-Erkrankung umgehen können. Aber man muss auch ernst nehmen, dass es hier um eine Krankheit geht, die zum Tode führt, und zwar unter den schlimmstmöglichen Umständen. Es sind vor allem die späteren Phasen der Krankheit, die zu denken geben, gerade weil sie – wie oben schon angedeutet – in neuen Filmen über die Alzheimer-Krankheit ausgeklammert bleiben.

Ich erwähne hier nochmals S. B. Nuland, aber diesmal mit einem längeren wörtlichen Zitat aus seinem Buch »How We Die« (New York 1993). Dieser 2014 verstorbene Chirurg an der Yale University schilderte schon früh in höchst realistischer Weise den Ablauf der Krankheit: »Die Patienten verlieren schrittweise die Selbständigkeit und sind schließlich völlig auf äußere Hilfe angewiesen. Fällt der Patient nicht schon vor dem Endstadium einem Schlaganfall, Herzinfarkt oder einer anderen Komplikation zum Opfer, steht ihm, wie erwähnt, sehr wahrscheinlich ein menschenunwürdiges Siechtum bevor. Zuletzt gehen alle höheren Hirnfunktionen verloren. Schon vorher verlernen manche Patienten das Kauen, Gehen oder Schlucken. Krampfartige Hustenanfälle beim Füttern sind für einen Betreuenden eine starke seelische Belastung, vor allem, wenn die betreffende Person glaubt, sie hätte den Anfall durch ihre Ungeschicklichkeit hervorgerufen. In diesem Stadium der Krankheit stehen der Familie schwere Gewissenskonflikte bevor: Sie muss entscheiden, ob der Patient mit einer Sonde künstlich ernährt werden soll und welche medizinischen Mittel angewandt werden sollen, um ihn künstlich am Leben zu halten.

Für Patienten, die das Bewusstsein verloren haben oder von der Umwelt nichts mehr wahrnehmen, bedeutet die Entscheidung gegen eine künstliche Ernährung möglicherweise die Erlösung. Viele Zeugen des siechen Daseins von Alzheimer-Patienten halten es für weitaus humaner, dem Kranken diesen Tod zu gönnen, als ihm die Lähmungen und die Fehlernährung zuzumuten, die sich bei der künstlichen Ernährung von Schwerstkranken in der Terminalphase kaum vermeiden lassen. Aufgrund von Inkontinenz, dem ständigen Druck durch die Bettlägerigkeit und einem Mangel an Bluteiweiß ist ein Aufliegen des Patienten fast unvermeidlich. Es entstehen schwärende Wunden, in denen schließlich das Muskelgewebe, die Sehnen oder sogar Knochen zum Vorschein kommen. Ein solcher Anblick ist für Familienangehörige nur schwer zu ertragen. Daran ändert auch das Wissen nichts, dass der Patient selbst von all dem nichts mehr mitbekommt.

Inkontinenz, Bewegungsmangel und eingeschobene Katheder führen zu Infektionen der Harnwege. Da der Schluckreflex verlorengeht, zieht der Patient beim Atmen Speichel und Nasenschleim in die Bronchien, was das Risiko einer Lungenentzündung erhöht. Auch hier müssen für die weitere Behandlung schwerwiegende Entscheidungen getroffen werden, die neben dem persönlichen Gewissen der Angehörigen gesellschaftliche, religiöse und sittliche Normen und die medizinische Ethik berühren. Mitunter ist es vielleicht das beste, die Natur ihr Zerstörungswerk ungehindert vollenden zu lassen« (S. 164f.). So weit, in Details diskutabel, S. B. Nuland.

Da muss man sich gerade als Theologe grundsätzlich fragen: Bin ich denn verpflichtet, alles dies bis zum Ende durchzustehen, und muss ich dies auch meinen Zeitgenossen, den Christen besonders, zumuten? Muss man nicht ernst nehmen, dass diese Krankheit dem Menschen die Persönlichkeit und das, was man ein Leben lang aufgebaut hat, den eigenen Platz in der Gesellschaft, wegnimmt? Prof. Jucker zeigt gerne ein gemaltes Bild von einem Gehirn, in dem alles Wissen und alle Gefühle als Bücher dargestellt sind.

»Die Bücher beginnen nach und nach aus dem Regal zu fallen, dann stürzen die Regale ein, das geht wie ein Dominoeffekt durch das ganze Gehirn.«

Nun vertreten manche Theologen die Meinung, jeder Mensch müsse bis zum »verfügten Ende« durchhalten und dürfe sein Leben nicht »vorzeitig« zurückgeben. Der Frage werde ich in den folgenden Kapiteln genau nachgehen: Hat der gute Schöpfergott wirklich eine Reduktion des menschlichen Lebens auf ein rein biologisch-vegetatives Leben mit Inkontinenz, Katheter, Magensonde und schwärenden Wunden »verfügt«? Viele Menschen fragen sich heutzutage, warum die frei verantwortete Rückgabe eines definitiv zerstörten Lebens unter unerträglichem Leiden notwendigerweise »vorzeitig« sein müsse. Der Tod ist keineswegs immer Feind des Menschen.

Der Einwand, der Alzheimer-Patient könne sich nicht mehr entscheiden, greift nicht, wenn die Entscheidung entweder früher im Leben oder spätestens im ersten Stadium der Krankheit getroffen wird, wie von Martin Suter in seinem Roman »Small World« (1997) einfühlsam beschrieben. Nach einem Bericht der Fachzeitschrift »Radiology« (Oktober 2006) ist an der University of California ein computergestütztes Verfahren entwickelt worden, durch welches man mittels einer Analyse der ADC-Werte das Ausmaß des Schadens in der grauen Gehirnsubstanz feststellen kann.

In seiner Erwiderung auf den schon am Anfang unter »Reaktionen« zitierten Artikel von Udo Reiter setzt sich der frühere SPD-Vorsitzende Franz Müntefering leidenschaftlich ein für die Würde auch des dementen Menschen (»SZ«, 3. 1. 2014): »Ist man als Dementer ›ein Schatten seiner selbst‹? Ja. Aber auch unglücklich, auch überflüssig, auch unwert?« Nein, natürlich nicht. Da hat Müntefering recht. Aber wenn ein Mensch die Altersdemenz von möglicherweise vielen Jahren mit all den negativen Folgen bis hin zum vegetativen Dahinsiechen nicht auf sich nehmen will, verdient ein solcher Mensch, abqualifiziert zu werden? Das genau tut Müntefering, wenn er solchen Menschen vorschnell »Mutlosigkeit« vorwirft, »das sich Abwenden von der Möglichkeit der persönlichen Betroffenheit, das Weglaufen vor der Herausforderung, das Sich-aus-dem-Staub-Machen«.

Franz Müntefering hat sich hohen Respekt dadurch verdient, dass er als Minister und Vizekanzler zurücktrat, um seine an Krebs erkrankte Frau zu pflegen. Auch seine Forderung nach stärkerer Unterstützung von Palliativmedizin und Hospizen teile ich. Aber das ist nicht die Antwort auf dieses fundamentale Problem. Das ist nun einmal keine Lösung für die Grundfrage, ob ich als Mensch oder gar als Christenmensch verpflichtet bin, es nicht nur bis zur Demenz, sondern bis zum vegetativen Dahinsiechen kommen zu lassen. Ich jedenfalls verstehe nur zu gut, dass eine zunehmende Zahl von Menschen ein selbstbestimmtes Sterben nicht als »die eleganteste Abschiedszeremonie auf Knopfdruck« inszenieren, wie Müntefering es polemisch bezeichnet, sondern als die von Gott gegebene

Freiheit entdecken, Verantwortung für das eigene Leben bis zum Ende wahrzunehmen.

Sicher wird es auch Müntefering beeindrucken, wenn er die dramatische Geschichte der französischen Schriftstellerin Emmanuèle Bernheim liest »Tout s'est bien passé – Alles ist gutgegangen« (Paris 2013). Sie berichtet, wie ihr Vater, ein Pariser Kunsthändler, nach einem schweren Schlaganfall seine Tochter bittet, ihm, der nun alles verloren hat, den Freitod zu ermöglichen. Damit einher ging auch bei ihr und ihrer Familie ein schwerer Gewissenskonflikt. Aber deutlich wird auch, dass es in einem solchen Dilemma keinesfalls eine allgemeine Lösung für alle geben kann. Vielmehr sollte es dem Einzelnen anheimgestellt werden, wie er sich in Freiheit entscheidet. – Im Übrigen wird zurzeit immer mehr diskutiert, dass es auch zu einem von Medikamenten herbeigeführten Tod eine Alternative gibt:

4. Sterbefasten?

Ärzte berichten, dass immer wieder sterbewillige Patienten auf Nahrung und Flüssigkeit verzichten, um einen »natürlichen Tod« herbeizuführen. Einen systematischen und objektiv informierenden Bericht über den »freiwilligen Verzicht auf Nahrung und Flüssigkeit« (abgekürzt FVNF) bieten der Psychiater und Sozialwissenschaftler Dr. med. Boudewijn Chabot (Haarlem/Niederlande) und der Neurobiologe

Dr. rer. nat. Christian Walther (Marburg): »Ausweg am Lebensende. Selbstbestimmtes Sterben durch freiwilligen Verzicht auf Essen und Trinken« (Basel 2010). Grundlage dieses Buches sind mehr als einhundert Berichte über Menschen, die verstarben, nachdem sie mehr als sechs Tage lang nichts mehr getrunken hatten. Sie hatten sich allesamt nach gründlicher Diskussion mit einer Person ihres Vertrauens und manchmal auch mit ihrem Arzt dafür entschieden, ihren Tod vorzeitig herbeizuführen, statt noch Monate oder Jahre weiterzuleben. Ich gestehe, dass ich von Anfang an Sympathie für diese Form der Lebensbeendigung hatte und dachte, sie würde viele Probleme des begleiteten Suizids umgehen.

Nun gibt es Mediziner, Juristen und Ethiker, für die auch ein Sterbefasten eine (unerlaubte) Selbsttötung ist. Ein Verzicht auf Nahrung und Flüssigkeit ist aber insofern natürlich, als keine lebensverkürzenden medizinisch-technischen Maßnahmen ergriffen werden. Im Gegensatz zu einem abrupten Tod ermöglicht Sterbefasten einen allmählichen, weitgehend harmonischen Abschied vom Leben, möglichst in Anwesenheit von Angehörigen oder Freunden.

Ich kann mir vorstellen, dass Sterbende dem Sterbefasten den Vorzug geben vor dem mit medizinischen Mitteln herbeigeführten Freitod. In jedem Fall sollte der Sterbende ärztlich begleitet werden, je nach Erfordernis: psycho-sozial, medizinisch-palliativ und theologisch-seelsorglich. Wenn der Patient das Trinken eingestellt hat, so kann er doch durch die Mundpflege

– Befeuchtung durch einen Wasserzerstäuber oder zerstoßene Eiswürfel – Erleichterung erfahren.

Das Sterbefasten ist jedoch nicht ohne Risiken. Es stellen sich mir Fragen, die mich zögern lassen, mich für diesen Weg zu entscheiden: Warum soll ich mir einen wochenlangen Sterbeprozess zumuten, von dem ich nicht weiß, wann und wie er endet? Ist er nicht unter Umständen mit Schmerzen verbunden, die mir unnötig erscheinen, mit Decubitus (Wundliegen), Dauerkatheter und weiteren Komplikationen, mit Übelkeit, Unruhe, Panik, schließlich Eintrübung oder Verlust des Bewusstseins? Ich möchte jedenfalls die Kontrolle über mich bis zuletzt bewahren und sie nicht an andere abtreten, und ich vermute, dass ich mit dieser Option nicht allein bin.

Was die Politik betrifft: Politiker sollten nicht private Überzeugungen zum Maßstab von Politik machen. Ich stimme dem Arzt und Philosophen Urban Wiesing, Direktor des Instituts für Ethik und Geschichte der Medizin an der Universität Tübingen, voll zu: »Die Stimmen gegen jegliche Form organisierter Sterbehilfe speisen sich vor allem aus der Ablehnung des Suizids an sich. Der ist aber nicht Gegenstand der anstehenden Entscheidung, und über ihn zu verhandeln überschreitet die Befugnisse des Parlaments. Es ist für Gesetze, nicht aber für Gesinnungen zuständig. Politiker sollten nicht der Versuchung erliegen, den Bürgern ihre privaten Überzeugungen zum Suizid vorzuschreiben. Das gilt auch für jene, die vor einer Verklärung der Selbsttötung warnen. Wer frei verantwortlich, in aussichtsloser und unerträglicher Situation um Beihilfe zum Suizid ersucht, verklärt nichts. Er möchte seine letzte Chance zur Selbstgestaltung wahren« (»Die Zeit«, Nr. 16., 10. 4. 2014).

Wie wünschen sich Menschen das Ende ihres Lebens? Richard Smith, ein Herausgeber des »British Medical Journal«, hat im Jahr 2000 in einem Editorial folgende zwölf Elemente eines »guten Todes« genannt:
– Zu wissen, *wann der Tod* kommt, und zu verstehen, *was* zu erwarten ist;
– die *Kontrolle* über das Geschehen zu behalten;
– *Würde* und *Privatsphäre* zugestanden zu bekommen;
– eine gute Behandlung der *Schmerzen* und *anderer Symptome*;
– die Wahl zu haben, *wo man sterben* möchte (zu Hause oder anderswo);
– alle nötigen *Informationen* zu erhalten;
– jede *spirituelle* und *emotionale Unterstützung* zu erfahren;
– *Hospizbetreuung* überall, nicht nur im Krankenhaus;
– bestimmen zu dürfen, wer *beim Ende dabei sein* soll;
– *vorausbestimmen* zu können, welche Wünsche respektiert werden sollen;
– Zeit zu haben für den *Abschied*;
– *gehen zu können*, wenn die Zeit gekommen ist, und keine *sinnlose Lebensverlängerung* zu erleiden.

Diese Punkte wurden eingehend kommentiert von einem der erfahrensten Palliativmediziner, H. Christof Müller-Busch: »Abschied braucht Zeit. Palliativmedizin und Ethik des Sterbens« (Berlin 2012, S. 100f.).

IV. Welche Sterbehilfe?

1. Zwangseuthanasie ist Mord

Sterbehilfe, im weitesten Sinn verstanden, meint alle auf Körper oder Psyche bezogenen Maßnahmen zur Erleichterung des Sterbens von unheilbar Kranken. Es soll hier nur die Rede sein von der *medizinischen* Sterbehilfe, die jede medizinische Maßnahme zur Vermeidung eines qualvollen Todes einschließt. »Euthanasie«, ich sagte es, meint im griechisch-jüdischen Altertum wörtlich das »gute Sterben«, den schönen, schnellen, leichten, schmerzlosen Tod, bisweilen auch den ehrenvollen Tod auf dem Schlachtfeld. Wir sollten diesen Begriff mit großer ethischer Tradition auch in der deutschen Sprache keinesfalls wegen seines verbrecherischen Gebrauchs durch die Nazis aufgeben. Doch zu bedenken ist:

Schmerzlinderung beim Sterben wurde erst im 16. Jahrhundert vom Philosophen Francis Bacon als ärztliche Aufgabe erkannt. Seit dem 19. Jahrhundert ist die Rede von einer »Euthanasia medica«. Die Diskussion um die Straffreiheit einer Euthanasie mit gezielter Tötung auf Verlangen und die begrenzte Tötung unheilbar Kranker wurde zuerst im antireligiös-aufklärerischen Deutschen Monistenbund vor dem Ersten Weltkrieg diskutiert, vorbereitet von sozialdarwinistischen Strömungen im Zeichen des »Überlebens der Tüchtigen«.

Seit den 30er-Jahren des 20. Jahrhunderts gibt es auch in angelsächsischen Ländern Euthanasie-Gesellschaften, die das Recht auf einen angenehmen Tod propagieren. Und schon 1920 war die Schrift von Karl Binding und Alfred Hoche erschienen mit dem Titel »Die Freigabe der Vernichtung lebensunwerten Lebens«. Sie forderten die Tötung von »leeren Menschenhüllen« und »Ballastexistenzen«, deren Pflege der menschlichen Gesellschaft nicht zugemutet werden könne.

Diese fatale Theorie wurde in der Nazizeit aufgrund eines geheimen Führererlasses vom 1. September 1939 durch das berüchtigte »Euthanasieprogramm« verbrecherisch in die Tat umgesetzt: in speziellen »Tötungsanstalten«, in denen bis August 1941 schätzungsweise 60000–80000 Menschen ermordet wurden. Der erste öffentliche Protest kam von Clemens August von Galen, Bischof von Münster: Er bewirkte eine Einstellung dieser Massenmorde zumindest an Erwachsenen. Die Tötung von Millionen angeblich »lebensunwerter« Juden, Sinti, Roma und anderer war blanker, verabscheuungswürdiger Massenmord. Die großen internationalen Ärztedeklarationen seit dem Zweiten Weltkrieg hatten solche »Zwangseuthanasie« für indiskutabel und als groben Verstoß gegen die Menschenrechte erklärt. Die Scham über dieses wohl größte Verbrechen unserer Menschheitsgeschichte sollte aber in Deutschland nicht kompensiert werden durch das Tabuisieren jeglicher Form von Sterbehilfe und die Diffamierung ihrer Befürworter. Die kriminellen Massen-Zwangstötungen sind auf keinen Fall zu verwechseln mit dem

Verlangen einzelner nach barmherziger Sterbehilfe heute.

2. Die allgemein akzeptierte Sterbehilfe

Allgemein akzeptiert ist heute die *Sterbehilfe* oder Euthanasie *ohne Lebensverkürzung.* Bei ihr beschränkt sich der Arzt auf die Verabreichung schmerzstillender oder betäubender Mittel. Solche Sterbehilfe ist rechtlich unbedenklich, sie ist ethisch verantwortbar und oft medizinisch geboten. Jeder Mensch hat ein Recht auf einen »natürlichen«, wahrhaft menschlichen, humanen Tod. Und dazu gehört, dass die körperlichen Leiden auf ein erträgliches Maß reduziert und auch die menschliche Psyche durch Psychopharmaka in der emotionalen Bewältigung der letzten Lebensphase unterstützt wird.

Allgemein akzeptiert wird auch die passive *Sterbehilfe* oder Euthanasie *mit Lebensverkürzung als Nebenwirkung* (= indirekte Sterbehilfe). Oder genauer: Sterbehilfe durch Abbruch der künstlichen Lebensverlängerung. Schon in der klassischen Moraltheologie galt der Satz, dass der Mensch zur Erhaltung des Lebens nicht »media extraordinaria«, »außerordentliche Mittel«, anwenden muss. Dies gilt für den Patienten wie für den Arzt. Das bedeutet konkret:

Der *Patient* ist nicht verpflichtet, in jeder Situation jede mögliche Therapie oder Operation über sich ergehen zu lassen, die sein Leben verlängert. Er kann durchaus etwa die Einpflanzung eines Herzschrittmachers verweigern oder eine Heimdialyse nicht fortsetzen. Unbestritten ist jedoch ebenfalls, dass es umgekehrt Situationen gibt, in denen der Patient sich – zum Beispiel um seiner Familie willen – zu einer bestimmten Operation verpflichtet fühlt.

Auch der *Arzt* ist nicht in jedem Fall zur Anwendung außerordentlicher Mittel verpflichtet, um eine Lebensverlängerung um jeden Preis anzustreben. Wenn etwa ein Karzinom oder ein irreversibler Hirnschaden nicht behandelt und lebensnotwendige Organfunktionen nicht wiederhergestellt werden können, wenn die Widerstandskraft des Patienten erschöpft ist, der Sterbeprozess sich längere Zeit hinzieht und sich auf das sukzessive Erlöschen der letzten Lebensfunktionen reduziert, braucht der Arzt gegen auftretende Komplikationen nicht anzugehen, auch wenn so der Tod beschleunigt wird: Er braucht also eine bestimmte Therapie nicht endlos fortzusetzen, sondern darf den Patienten eines »natürlichen« Todes sterben lassen. Dies ist eine Sterbehilfe, bei der der Arzt passiv bleibt und die Lebensverkürzung indirekt eintritt, und über diese passive Sterbehilfe herrscht heute weitgehend Übereinstimmung zwischen Ärzten, Juristen und Theologen. Diese Art Sterbehilfe wird auch häufig als *Abbruch künstlicher Lebensverlängerung* bezeichnet.

3. Lebensverkürzung zur Leidenslinderung

Bei Patienten mit einer schwerwiegenden Erkrankung darf eine aus der Leidenslinderung folgende »Lebensverkürzung« hingenommen werden. Die Verpflichtung, Leiden zu lindern, hat in diesen Fällen Vorrang vor der Verpflichtung, das Leben eines Menschen zu erhalten.

Jenen Ärzten, die meinen, alles technisch Machbare auch machen zu dürfen oder gar zu müssen, zeigen die Grundsätze der deutschen Bundesärztekammer zur ärztlichen Sterbebegleitung aus dem Jahr 2004, dass der Pflicht, Leben zu erhalten, Grenzen gesetzt sind. Menschen dürfen nicht endlos in unwürdigen Zuständen belassen werden. Mit Recht wird die Hilfe zu einem Sterben »in Würde« den Ärzten zur »Pflicht« gemacht und dabei auch »intensive menschliche Zuwendung« gefordert: Bei urteilsfähigen Patienten ist der Wille des angemessen aufgeklärten Patienten zu beachten, »selbst wenn sich dieser Wille nicht mit den aus ärztlicher Sicht gebotenen Diagnose- und Therapiemaßnahmen deckt«. Erfreulicherweise lassen die wiederholt revidierten Richtlinien der Bundesärztekammer das »Selbstbestimmungsrecht des Patienten« immer deutlicher hervortreten. Maßnahmen zur Verlängerung des Lebens dürfen »in Übereinstimmung mit dem Willen des Patienten unterlassen oder nicht weitergeführt werden, wenn diese nur den Todeseintritt verzögern und die Krankheit in ihrem Verlauf nicht mehr aufgehalten werden kann«.

Die Grundsätze der Bundesärztekammer wollen dem Missbrauch der an sich so segensreichen Medikamente und Apparate wehren. Solche »Grundsätze« sind also zu begrüßende »Entscheidungshilfen«. Sie zeigen, dass auch die deutsche Medizin in Fragen des Sterbenlassens und vielleicht auch Sterbebegleitens lernoffen ist und sich die früher so gegensätzlichen Standpunkte schon jetzt angenähert haben. Allerdings gibt es auch Punkte, bei denen selbst viele Ärzte mehr Mut zur verantworteten Konsequenz und konstruktiven Lösungen erwartet hätten.

4. Die umstrittene Sterbehilfe

Umstritten ist die sogenannte aktive Sterbehilfe (aktive Euthanasie), welche *direkt auf Lebensverkürzung abzielt*: der »Gnadentod«. Zu dieser Sterbehilfe habe ich eine differenzierte Position schon in meinen Vorlesungen von 1982 vertreten (vgl. »Ewiges Leben?«, 1982, Kap. VII, 6–8). Früher herrschte über die Ablehnung jeglicher aktiver Sterbehilfe ein Konsens; so ist in den allermeisten Staaten die Tötung eines Menschen, auch wenn sie auf dessen unzweideutigen Wunsch erfolgt, nach wie vor strafbar.

Das Gebot »Du sollst nicht töten« heißt indes präzise formuliert: »Du sollst nicht morden!« Es ist zu unterscheiden: Das Beenden eines Lebens ist Mord dann und nur dann, wenn es aus niedriger Motivation, aus Heimtücke und durch Gewalt gegen den Willen des

Betroffenen geschieht. Das Beenden eines Lebens ist aber auch dann unverantwortlich, wenn es nicht aus niederen, aber aus oberflächlichen und leichtfertigen Motiven geschieht (etwa wenn ein Mann im besten Alter wegen eines beruflichen Fiaskos ohne Rücksicht auf Frau und Kinder sein Leben hinwirft).

Kann aber das Beenden eines Lebens nicht auch verantwortlich geschehen? »Das Leben ist« – auch nach der Bibel und nach traditioneller katholischer Auffassung – »der Güter höchstes nicht« (Schiller). Die »Unverfügbarkeit« des Lebens gilt keineswegs unbedingt; der Einsatz des Lebens um eines höheren Gutes willen, individuelle und kollektive Notwehr bis zur Tötung des Aggressors, »finaler Rettungsschuss« bei Geiselnahme und lebensgefährliche Einsätze von Soldaten gelten im Prinzip als sittlich erlaubt. Das Wort Selbst-»Mord« sollte nicht mehr verwendet werden. In der Bibel wird die Selbsttötung (Freitod, Suizid) nirgendwo ausdrücklich verboten, die des Abimelech, des Samson und des Königs Saul zum Teil mit Zustimmung berichtet, nicht aber die des Jesus-Verräters Judas, die in der christlichen Tradition leider zum Leitsymbol aller Selbsttötung wurde, als ob eine jede Selbsttötung Verrat am christlichen Glauben wäre.

5. Grauzone zwischen passiver und aktiver Sterbehilfe

Passive und aktive Sterbehilfe können in der Praxis nicht so scharf voneinander getrennt werden wie in der abstrakten Begrifflichkeit. Die juristischen Abgrenzungen zwischen »direkt und indirekt«, »Wollen und Inkaufnehmen«, »Tun und Unterlassen« verschwimmen in der Grauzone der Praxis.

Der 66. Deutsche Juristentag (2006) empfiehlt, die verwirrenden Begriffe aktive, passive und indirekte Sterbehilfe durch die Bezeichnungen »Tötung auf Verlangen«, »Abbruch lebensverlängernder Behandlungsmaßnahmen« und »Durchführung einer leidenslindernden Maßnahme« zu ersetzen. Doch müssen einer Klärung der Begriffe noch einige konkrete Klärungen folgen.

a) Wer die Gesetzgebung in den Niederlanden verurteilt, sollte ehrlicherweise auch zugeben, dass in Deutschland eine ethisch-juristische Grauzone herrscht: Einzelne Ärzte halten schon den Entzug der künstlichen Nahrungszufuhr für unerlaubte »aktive« Sterbehilfe. Die Schweizerische Akademie der Medizinischen Wissenschaften aber hält für erlaubte »passive« Sterbehilfe nicht nur den Verzicht auf künstliche Wasser- und Nahrungszufuhr, sondern auch den Verzicht auf Sauerstoffzufuhr, Medikation, Bluttransfusion und Dialyse bei Menschen im irreversiblen Koma. Die vatikanische Glaubenskongregation aber bezeichnet in ihrem Dekret vom September 2007 die Sondenernährung sogar als Teil der Basispflege, die deshalb nie beendet werden dürfe. Sie bleibt damit weit hinter den Grundsätzen der deutschen Bundesärztekammer und Rechtsprechung zurück.

b) Das Ausschalten eines Atemgeräts oder einer künstlichen Niere erscheint freilich auch vielen Ärzten als eine höchst aktive »Passivität« (ich würde sagen: eine »contradictio in adiecto«, ein Widerspruch in den Begriffen). Von juristischer Seite wird diese – neuerdings auch von den Kirchen tolerierte – Methode eindeutig der passiven Sterbehilfe zugerechnet. Warum aber soll denn das unter Umständen sehr schmerzhafte »Verhungern«- oder »Verdursten-Lassen« eines Patienten als angeblich passive Sterbehilfe erlaubt, eine Überdosis Morphium aber strafbar sein? Eine geringfügig erhöhte Dosis Morphium zum langsamen Einschlafen wäre im gegebenen Fall gnädiger und in etwa »passiver«. Genau das ist es, was in aller Stille von manchen Ärzten auch heute schon getan wird.

c) In Deutschland herrscht vielfach eine Doppelmoral: »Aktive« Sterbehilfe wird, so hört man von ärztlicher Seite, täglich aus echter Barmherzigkeit und vernünftiger Überlegung heraus geübt. Nur reden soll man davon nicht. Öffentlich nimmt man vehement gegen jegliche »aktive« Sterbehilfe Stellung, privat aber übt man durchaus auch Hilfe »zum« Sterben (und nicht nur »beim« Sterben). Wer (und welches menschliche Gericht) kann schon herausfinden, ob ein bestimmter Arzt zum Beispiel Morphine nur zur Schmerzlinderung gegeben hat, selbst wenn er sicher weiß, dass der Patient dadurch früher stirbt (straflos!), oder ob er dieselbe Dosis gibt direkt mit der Absicht, den Tod des Leidenden herbeizuführen (strafbar)? Ja, auch mancher Arzt würde solche »aktive« Sterbehilfe zumindest für sich ganz persönlich (unter Kollegen) in Anspruch nehmen, wenn nicht sogar zur Selbsthilfe greifen. Aber sollte das, was dem Medicus patiens (dem leidenden Arzt) billig ist, nicht dem Homo patiens überhaupt recht sein? Und sollte der Todkranke der (weltanschaulich vielleicht verengten) Einstellung des Arztes ausgeliefert sein?

So ist es denn nicht erstaunlich, dass zwei Drittel der deutschen Bevölkerung sich bei schwerster Erkrankung die Möglichkeit wünschen, gegebenenfalls mithilfe eines Arztes ihr Leiden abkürzen zu können. Und offensichtlich sind immer mehr Mediziner bereit zu helfen, aber nicht bereit, darüber offen zu reden. Sie müssen Sanktionen der konservativ besetzten Bundesärztekammer befürchten, die ihnen das, was staatlich gestattet von der Bevölkerung mitgetragen wird, »standesrechtlich« (weil »unärztlich«?) verbietet. Nachdem viele Landesärztekammern diesen Beschluss der Bundesärztekammer nicht übernommen haben, sollte man die Sterbehilfe zumindest dem Gewissen des einzelnen Arztes überlassen und auf alle Sanktionen verzichten. Dabei herrscht Konsens, dass kein Arzt zur Sterbehilfe verpflichtet werden kann. Ebenso besteht Konsens darüber, dass sich nach wie vor wegen Tötung strafbar macht, wer einem Menschen Sterbehilfe leistet, der wegen einer krankhaften Störung zum Suizid entschlossen ist. Nach der neuesten Mitgliederbefragung 2014 zu den Problemen, die die DGHS demnächst anpacken solle, stand an erster Stelle die Bitte um die Vermittlung von Ärzten, die beim Freitod helfen können. Ärzte können am besten beurteilen, welches Medikament in Verbindung mit von Schwerkranken schon seit längerer Zeit eingenommenen Mitteln wirkt; jedes Risiko eines missglückten Suizidversuchs müsste ausgeschaltet werden.

Die prominente SPD-Politikerin Ingrid Matthäus-Maier betont: »Mit der von einigen Politikern jetzt geplanten Kriminalisierung der Suizidbegleitung wird derjenige, der sich meist unter persönlich schwierigsten Bedingungen für einen Freitod entscheidet, bewusst alleingelassen. Er ist gezwungen, diesen Weg dann einsam, ohne letzte Hilfe und deswegen oft mit grausamsten Begleiterscheinungen zu gehen. Das halte ich nicht nur für verfassungswidrig, sondern auch für zutiefst inhuman« (»Mein Ende gehört mir«, »FAZ« vom 7. 5. 2014).

Auch in der Hospizbewegung gibt es nicht wenige, die meinen, man solle sich der nicht mehr tabuisierbaren Problematik der »aktiven« Sterbehilfe ehrlich stellen und nicht nur die Argumente dagegen, sondern auch die dafür unvoreingenommen zur Kenntnis nehmen. Es herrscht eine große Rechtsunsicherheit, mit der man nicht länger den einzelnen Arzt belasten soll. Deshalb:

6. Rechtsunsicherheit beenden

Einer von vielen Fällen sei hier beschrieben: Da lag Anfang 2008 ein 69-jähriger Lungenfacharzt in einer Ulmer Universitätsklinik. Der an schwerer Lungenfibrose im Endstadium mit Erstickungsangst Leidende riss sich eines Tages in Anwesenheit seiner 73-jährigen Frau und seines 45-jährigen Sohnes, einem Medizinprofessor, die Sauerstoffmaske vom Gesicht und äußerte gegenüber seinen am Bett wachenden Angehörigen den Wunsch, sterben zu dürfen. Sohn und Ehefrau kamen überein, dass dem Vater weiteres Leid erspart werden solle, und verabreichten ihm eine Überdosis Morphium, indem sie die Dosierpumpe am Bett voll aufdrehten. So plädierte die Staatsanwaltschaft wegen aktiver Sterbehilfe in ihrer Anklageschrift auf eine Freiheitsstrafe zwischen sechs Monaten und fünf Jahren.

Die Angeklagten selber äußerten sich im Prozess nicht. Unumstritten war, dass einer oder beide die Morphinzufuhr tatsächlich erhöht hatten. Fraglich aber blieb, ob die Dosis tatsächlich tödlich war. Vier renommierte Gutachter wurden eingeschaltet, und fast alle vertraten im Prozess die Auffassung, dass der Patient aufgrund eines Lungenleidens gestorben war. Die finale Morphingabe müsse keineswegs tödlich gewirkt haben.

Man hatte nun vom Gericht ein auch für andere Fälle hilfreiches Grundsatzurteil erwartet. Aber der leitende Oberstaatsanwalt räumte ein, die Frage, ob es sich um »straflose Hilfe beim Sterben« oder um »strafbare Hilfe zum Sterben« gehandelt habe, sei nicht zu klären. Deshalb nehme er die Anregung der Verteidigung auf, das Verfahren einzustellen. Und so geschah es. Entschieden wurde nichts. Ob man damit zufrieden sein kann?

Verständlicherweise haben die Gutachter ihrem Kollegen mit ihrem Votum helfen wollen, jedenfalls konnten sie kaum mit Sicherheit sagen, dass die Erhöhung des Morphins nicht die direkte Ursache des Todes des Patienten war. Ethisch betrachtet wäre der Fall so kompliziert gar nicht gewesen: Es kann ja nicht bestritten werden, dass der Todkranke selber entscheidungsberechtigt und entscheidungsfähig war, für seinen Tod zu optieren. Und menschlich mehr als verständlich war es, dass sowohl seine Ehefrau wie sein Sohn sich diesem Wunsch nicht verschlossen haben, sondern zur Hilfe geschritten sind. Sie haben nach ihrem Gewissen durchaus richtig handeln können. Demnach hätten sie freigesprochen werden müssen. Aber da steht eben dieser Paragraf noch immer im Strafgesetzbuch, der jegliche aktive Sterbehilfe untersagt. Folglich bleibt die Rechtsunsicherheit bestehen. Sie bedarf aber nach ethischen Gesichtspunkten endlich einer klaren Lösung.

V. Selbstverantwortung auch im Sterben

1. Gabe Gottes und zugleich Aufgabe des Menschen

Aus der Würde des Menschen folgt das Selbstbestimmungsrecht für sein Leben, für das ganze Leben, auch für die letzte Etappe, das Sterben. Aus dem Recht auf Leben folgt ja keineswegs eine Pflicht zum Leben, zum Weiterleben in jedem Fall. Nach jüdisch-christlich-muslimischer Überzeugung ist das menschliche Leben, das der Mensch ja nicht sich selber verdankt, letztlich eine Gabe Gottes. Aber zugleich ist das Leben – nach Gottes Willen – auch des Menschen Aufgabe. Es ist so in unsere eigene (nicht in eine fremde!) verantwortliche Verfügung gegeben. Dies gilt auch für das Ende des Lebens, das Sterben. Sterbehilfe ist zu verstehen als ultimative Lebenshilfe. Auch hier sollte keine Heteronomie herrschen, sondern die Autonomie, die für gläubige Menschen in Theonomie gründet. Jeder Patient behält dieses Selbstbestimmungsrecht, das in neuester Zeit auch immer mehr von den deutschen Gerichten anerkannt und durchgesetzt wird.

Das Leben – Gottes Gabe und des Menschen Aufgabe. Besonders diejenigen Kirchenleute, die als einzigen Gesichtspunkt monoton und immer wieder nur die Gabe betonen, sind eingeladen, sich dazu zu äußern, wie sie sich denn diese von Menschen zu gestaltende Aufgabe vorstellen.

2. Selbstbestimmung auch am Ende des Lebens

Noch immer setzen sich zu viele Ärzte über den Willen der Patienten hinweg; sie tun alles, was medizinisch und technisch möglich ist. Lebensverlängerung wird praktiziert, unabhängig von der Veränderung in der Einstellung des Patienten. Ein leidenschaftliches Plädoyer für Selbstbestimmung auch am Lebensende hält der langjährige Internist Michael de Ridder, heute Chefarzt der Rettungsstelle eines Berliner Krankenhauses und Träger des Ossip-K.-Flechtheim-Preises für sein gesundheitspolitisches Engagement, in seinem Buch »Wie wollen wir sterben? Ein ärztliches Plädoyer für eine neue Sterbekultur in Zeiten der Hochleistungsmedizin« (München 2010): Die Freiheit des Einzelnen besteht in der Selbstbestimmung dieses Einzelnen über den eigenen Lebensentwurf und seinen Vollzug. Sie ist im Zentrum unserer Rechtsordnung verankert. Es ist keinesfalls Aufgabe des Arztes, das Leben um jeden Preis zu erhalten und dessen Erhaltung nach eigenem Gutdünken mit dem Patientenwohl gleichzusetzen. Zu Ende gedacht wäre das ein Freibrief dafür, das Dogma von der »Heiligkeit des Lebens« bis zur Unmenschlichkeit zu strapazieren.

De Ridder zögert auch nicht, in diesem Zusammenhang die Haltung mancher Glaubensgemeinschaften, besonders die der katholischen Kirche, zu kritisieren: »Sie relativiert das Selbstbestimmungsrecht mit Verweis auf die Gottgegebenheit allen menschlichen Lebens, nicht zuletzt im Übrigen auch aus Gründen der

dem christlichen Menschenbild zugehörigen Leidens-
bereitschaft. Schon 1995 stellte Papst Johannes Paul II.
im Rahmen der Enzyklika *Evangelium vitae* klar, dass
der Abbruch einer lebenserhaltenden Behandlung *immer* eine schwere Verletzung des göttlichen Gesetzes
darstellt. Diese Haltung bekräftigte der Vatikan erst zu
Beginn des Jahres 2009 wieder, als die Einstellung der
künstlichen Ernährung der italienischen Patientin Eluana Englaro, die seit einem 17 Jahre zurückliegenden
Autounfall im permanenten vegetativen Status (Wachkoma) lag, mit seiner indirekten Billigung zu einem
monströsen und entwürdigenden Medien- und Polit-
spektakel in Italien geriet. Die Grenzen seiner Befugnisse und Kompetenzen weit hinter sich lassend, dekre-
tierte der Papst erneut, dass die künstliche Ernährung
von Sterbenden, insbesondere Komapatienten, keine
ärztliche Behandlungsmaßnahme, sondern eine unter
allen Umständen unverzichtbare Maßnahme der Basis-
betreuung darstelle, mit der Folge, dass Patienten selbst
entgegen ihrem erklärten Willen und entgegen ärztlicher
Indikation nach kirchlicher Lehre am Lebensende *faktisch zwangsernährt* werden müssen« (S. 200).
   Anlässlich der Überreichung des Nonino-Kultur-
preises 2012 im oberitalienischen Percoto bei Udine
hatte ich bei einer Diskussion im großen Theater von
Udine Stellung zu beziehen zum Fall der Mitbürge-
rin Eluana Englaro. Ich sprach mich deutlich für das
Recht des Mädchens bzw. ihrer Eltern für eine effek-
tive Sterbehilfe aus. Der lang anhaltende Beifall hat
mich in meiner Überzeugung bestärkt.

3. Patientenwillen respektieren

Der Arzt muss also zum Partner des zum Tode entschlossenen Patienten werden. Die Entscheidung über Leben und Tod allein dem Arzt zu überlassen ist deshalb für viele Patienten angesichts drohenden Gefangenseins in einem hochtechnisierten medizinischen System ein unerträglicher Gedanke. Das Prinzip der persönlichen Verantwortung des Patienten ist dadurch verletzt. Das erscheint auch einer wachsenden Zahl von Ärzten als Anmaßung.

Im Grunde muss es doch für Ärzte und auch Richter eine Befreiung sein, wenn sie die Entscheidung letztlich dem Patienten, beziehungsweise den dafür verantwortlichen Nahestehenden, überlassen können. Ein Meilenstein ist ein Bundesgerichtsentscheid von 1994 (»Kemptener Urteil«). Er hob die Verurteilung eines Arztes und des Sohnes einer seit drei Jahren im Koma liegenden Frau wegen Abbruchs der künstlichen Ernährung auf. Warum diese Aufhebung? Das verurteilende Landgericht hatte den Willen der Patientin ignoriert, die schon acht Jahre vor ihrem Tod den Wunsch nach Behandlungsabbruch unter bestimmten Umständen geäußert hatte! Das gemaßregelte Landgericht fällte in der Folge einen Freispruch: Nach Anhörung mehrerer Angehöriger und Freunde der Kranken habe sich ergeben, dass bei Letzterer eine »Grundeinstellung« bestanden habe, »dass sie nicht dahinvegetieren/dahinsiechen möchte, nicht an Schläuchen hängen möchte und nicht völlig abhängig von fremder Hilfe sein möchte«. Diese Rechtsprechung wird bestätigt durch ein Urteil des Oberlandesgerichts Frankfurt (Az.: 20 W 224/98) und das BGH-Urteil vom 17. 3. 2003.

4. Patientenverfügung rechtlich bindend

Patienten verlieren ihr Selbstbestimmungsrecht nicht, wenn sie sich selbst nicht mehr äußern können. In diesen Fällen müssen frühere Äußerungen des Patienten, die zum Beispiel in einer Patientenverfügung schriftlich niedergelegt sein können, bei Behandlungsentscheidungen berücksichtigt werden. Diese Wünsche sind auch dann zu respektieren, wenn sie sich gegen die Durchführung einer lebensverlängernden Therapie richten. Dies lässt sich spezifizieren: keine künstliche Beatmung, keine Wiederbelebung bei plötzlichem Herzstillstand, keine Chemotherapie … Ich will jedenfalls nicht noch Monate oder Jahre künstlich ernährt und beatmet werden. Es geht hier überhaupt nicht um ein Töten, sondern um ein Sterben-Lassen. Ich akzeptiere meine Endlichkeit und Sterblichkeit.

Dieser Überzeugung folgen auch die Grundsätze der Bundesärztekammer von 2004: »Bei einwilligungsunfähigen Patienten ist die in einer Patientenverfügung zum Ausdruck gebrachte Ablehnung einer Behandlung für den Arzt bindend, sofern die konkrete Situation derjenigen entspricht, die der Patient in der Verfügung beschrieben hat, und keine Anhaltspunkte für eine nachträgliche Willensänderung erkennbar sind.« Hierfür werden die vielen Zehntausende, die in Deutschland bereits ihre »Patientenverfügungen« gemacht haben, dankbar sein. Sie brauchen sich jetzt nicht mehr vom alles als Letztinstanz entscheidenden Arzt bevormundet fühlen. Hier ist ein wirklicher Fortschritt zu verzeichnen, und es ist nur zu hoffen, dass in der Praxis von Ärzten, Pflegepersonal und Richtern nach diesen Grundsätzen verfahren wird. Eine Schulung der Ärzte (und anderer Berufsgruppen) im Umgang mit Patientenverfügungen ist erforderlich, damit die vorausverfügten Wünsche auch tatsächlich umgesetzt werden. Insbesondere der Hausarzt sollte bei der Formulierung einer Patientenverfügung kompetent Hilfestellung leisten können.

Eine Patientenverfügung ist, wie jedes andere »Testament« auch, unbedingt (ohne Ausflüchte und Uminterpretationen) und vor allem ohne Einschränkungen auf bestimmte medizinische Situationen zu respektieren. Sie ist für den Arzt rechtlich verbindlich. Der Bundesgerichtshof bestätigt in seinem Urteil vom 17. 3. 2003 die rechtliche Verbindlichkeit von Patientenverfügungen: »Ist ein Patient einwilligungsunfähig und hat sein Grundleiden einen irreversiblen tödlichen Verlauf angenommen, so müssen lebenserhaltende oder -verlängernde Maßnahmen unterbleiben, wenn dies seinem zuvor – etwa in Form einer sog. Patientenverfügung – geäußerten Willen entspricht. Dies folgt aus der Würde des Menschen, die es gebietet, sein in einwilligungsfähigem Zustand ausgeübtes Selbstbestimmungsrecht auch dann noch zu respektieren, wenn er zu eigenverantwortlichem Entscheiden nicht mehr in der Lage ist. Nur wenn ein solcher erklärter Wille des Patienten nicht festgestellt werden kann, beurteilt sich die Zulässigkeit solcher Maßnahmen nach dem mutmaßlichen Willen des Patienten, der dann individuell – also aus dessen Lebensentscheidungen, Wertvorstellungen und Überzeugungen – zu ermitteln ist« (BGH-Beschluss XII ZB 2/03 vom 17. 3. 2003).

Problematisch ist in diesem Zusammenhang allerdings die einschränkende Bedingung, dass das »Grundleiden einen irreversiblen tödlichen Verlauf angenommen hat«. Es ist auch nicht akzeptabel, den betroffenen Patienten für bestimmte Situationen wie z.B. das Wachkoma oder die fortgeschrittene Demenz das Selbstbestimmungsrecht zu entziehen und ihnen den Abbruch der lebensverlängernden Maßnahmen zu verwehren. Gerade für diese Krankheitssituationen möchten die meisten Menschen Vorsorge treffen. Auch der Nationale Ethikrat der Bundesrepublik sprach sich im Juni 2005 klar gegen eine eingeschränkte Verbindlichkeit der Patientenverfügungen (Reichweitenbegrenzung) aus. Es sollten keine weiteren Hürden wie z.B. notarielle Beglaubigung oder Pflicht zur regelmäßigen Erneuerung aufgerichtet werden.

5. Ärztliches Handeln im Interesse des Kranken

Dass jeder Arzt stets im Interesse des Todkranken handelt und ihm in humaner Weise beim Sterben hilft, kann nach allen Erfahrungen leider nicht vorausgesetzt werden.

Viele verständnisvolle Ärzte helfen im Geheimen, wenngleich oft mit schlechtem Gewissen. Auch Polemiker gegen das niederländische Sterbehilfe-Gesetz, höre ich, hoffen für sich ganz persönlich am Ende dann doch »auf einen gnädigen Arzt«. Aber wie und wo findet der Durchschnittspatient den »richtigen« Arzt? Manchen Ärzten fehlt leider noch immer die Sensibilität für die heutige Problematik des Sterbens.

Nur ein Zeugnis unter vielen, das mir brieflich zuging: »Die Fälle, die auch Sie (in Ihrem Buch) angeführt haben, wo alte Menschen schon im Koma lagen, und man sie wieder zum Leben und damit zum weiteren Dahinsiechen bestimmt hat, sind auch hier keine Seltenheit. Dazu gehört auch meine Mutter. Sie ist mit ihren über hundert Jahren ein menschliches Wrack. Sie wird noch jeden Tag aus dem Bett geholt und sitzt dann stundenlang in ihrem Sessel und wartet ... Sie spricht sehr oft vom Sterben: ›Ich glaube, der liebe Gott hat mich vergessen.‹ Sie hat auch den Arzt schon gefragt: ›Können Sie mir nicht etwas geben, dass ich sterben kann?‹ Ich habe mit dem Arzt gesprochen, ob man Medikamente, die das Herz stützen, reduzieren oder allmählich absetzen könnte. Das ist für den Arzt kein Thema.«

Oder eine freiwillige Helferin in einem Altenheim: »Ich erkannte bald, dass im Gegensatz zu den Senioren, die zu Hause ihre alten Tage verleben dürfen, ein Sterben (im Heim) praktisch sehr schwer möglich ist.

Ich erlebe sehr oft, dass sie vom Arzt ins Krankenhaus überwiesen werden, z. B. eine weit über 90 Jahre alte Frau. Sie lag im Sterben, doch hat man sie im Krankenhaus mit der medizinischen Technik zurückgeholt. Dann lebte sie noch vier Wochen. Konnte man sie nicht einschlafen lassen? Eine andere Seniorin, ebenso alt, liegt nur im Bett, kann weder sprechen noch sich äußern oder freuen. Es kommen keine Angehörigen. Dann bekam sie Lungenentzündung, musste ins Krankenhaus, seitdem bekommt sie nur noch Tee mit der Sonde durch die Nase eingeflößt.«

Neuerdings wird die keimfreie Magensonde (PEG) benützt (2007 für rund 140000 Patienten, mehr als die Hälfte ohne Einwilligung) – für Rehabilitationsfähige eine große Hilfe, für Sterbende aber unter Umständen eine Verlängerung ihres Leidens und Hinauszögerung ihres Sterbens. Auch die Palliativmedizin darf nicht dafür herhalten, Sterbende wochen-, monate-, ja jahrelang künstlich am Leben zu erhalten. Das mögen Extremfälle sein, gewiss, aber sie kommen vor.

6. Organisierte Sterbehilfe?

Kein Arzt darf zur Begleitung eines Suizids verpflichtet werden. Umgekehrt aber darf auch eine Organisation für Sterbehilfe nicht ausgeschlossen werden. Dass dafür Geld bezahlt wird, ist kein Argument dagegen. Udo Reiter, langjähriger Intendant des Mitteldeutschen Rundfunks, der bereits seit 1966 im Rollstuhl sitzt, hat recht: »Der gern erhobene Vorwurf, hier würde mit der Not von Menschen Geld verdient, und das müsse um jeden Preis verhindert werden, ist absurd. Jedes Krankenhaus und jede Arztpraxis ist auch ein Unternehmen, das für seine Dienstleistung Geld nimmt. Warum soll das bei der Sterbehilfe verwerflich sein?« (»SZ«, 21. 12. 2013).

Gerade die Kirchen müssen bedenken, dass auch sie für Beerdigungen Geld nehmen und bei dieser Gelegenheit oft noch zu einem besonderen »Opfer« auffordern, ohne dass man dies abschätzig als »gewerblich« bezeichnen würde. So wenig wie die Kirchen machen die Sterbehilfeorganisationen Propaganda für das Sterben, sie bieten vielmehr schlicht den einzelnen Menschen ihre Hilfeleistung an. 49 Prozent der Bundesbürger befürworten nach einer Umfrage von 2012 (Emnid) die Legalisierung der gewerblichen Sterbehilfe, 41 Prozent lehnen sie ab.

Ein weiterer Punkt in der Diskussion ist viel umstrittener: Ärzte und Pfleger sollen unter Umständen straffrei bleiben, wenn sie Beihilfe zum Suizid leisten. Sollten ernste Zweifel an der Lauterkeit ihres Handelns bestehen, kann die Justiz auch ohne Sonderregelungen einschreiten. Bedingung ist, dass das medizinische Personal den Betroffenen nahesteht. Solch eine Hilfestellung wollen laut der Umfrage 47 Prozent der Deutschen den Ärzten und Pflegern erlauben, 45 Prozent wollen dies nicht.

Eine erfreuliche Bestätigung für meine Position war die schon erwähnte Verleihung des Arthur-Koestler-

Sonderpreises 2013 durch die Deutsche Gesellschaft für Humanes Sterben (DGHS) in Bonn-Bad Godesberg am 8. November: Ich fühlte mich dadurch bestätigt in meinem Bemühen, deutlich zu machen, dass man für ein selbstbestimmtes Sterben eintreten kann, nicht nur aus Wahrung der menschlichen Autonomie, sondern auch aus dem tiefen Vertrauen auf Gottes Wirklichkeit.

7. Liberalisierter Altersfreitod

Die schweizerische Sterbehilfeorganisation Exit hat 2014 einen neuen Vorschlag für betagte und hochbetagte Menschen in die Diskussion gebracht, die zwar keine lebensbedrohliche Krankheit haben, aber eine Summe von Gebrechen. Dabei seien oft psycho-soziale Faktoren, die Angst vor Autonomieverlust, vielleicht eine Demenzdiagnose im Spiel. Dies alles könne bewirken, dass jemand eine Lebensbilanz zieht und nicht mehr weiterleben möchte (Bilanzsuizid). In einem Interview im »Beobachter« (6/2014) erläuterte Saskia Frei, Scheidungsanwältin und Präsidentin der Sterbehilfeorganisation Exit, warum diese Liberalisierung nötig sei:

»Leider werden solche Menschen heute tatsächlich oft gezwungen, sich einsam und gewaltsam das Leben zu nehmen. Sie erschießen oder erhängen sich, stürzen sich vom Altersheimbalkon oder vor den Zug, gehen ins Wasser oder kaufen sich eine abenteuerliche

Medikamentenmischung. Diese Versuche sind allerdings auch immer mit dem Risiko verbunden, dass sie scheitern. Ist das würdig und menschlich? Genau deshalb ist die Diskussion aufgekommen, die wir von Exit nun tatkräftig unterstützen: eine Liberalisierung für betagte Menschen zu erreichen, damit diese einen sanften, sicheren und würdigen Weg gehen können, bei dem auch die Angehörigen nicht alleingelassen sind.«

Auf den Einwand, ob man auf diese Weise nicht den Suizid salonfähig mache, wenn es so einfach wird, aus dem Leben zu scheiden, antwortet Saskia Frei: »Die Hürde bleibt hoch. Und: Die Anzahl der gewaltsamen Suizide hat in der Schweiz um die Anzahl der begleiteten Suizide abgenommen. Wir haben also dank der Sterbehilfe nicht mehr Suizide, sondern andere.«

Nun gibt es sicher Menschen, die in ihrer letzten Stunde mit sich allein sein möchten. Aber die Mehrzahl dürfte dankbar sein, wenn jemand von denen, die ihr Leben geteilt haben, dabei ist und ihnen vielleicht eine vertraute Person die Hand hält. Jedenfalls sollte ein würdiger Abschied gewährleistet sein, im Rückblick auf gemeinsam Erlebtes und Erreichtes, unter Umständen mit der letzten Gelegenheit für Verzeihung oder Versöhnung (vgl. H.-Christof Müller-Busch, »Abschied braucht Zeit«, Frankfurt, 2012).

VI. Ein Paradigmenwechsel in der Betrachtung des Menschenlebens

In unseren Jahrzehnten verschieben sich nicht nur einige Lebensregeln, sondern es verändert sich eine Gesamtkonstellation zur Sicht von Leben und Sterben, und zwar aufgrund eines früher gar nicht vorstellbaren Fortschritts der Medizin und ihrer Hilfswissenschaften, genauer – einer neuen Sicht von Anfang und Ende des Lebens eines jeden Menschen im Zeichen menschlicher Autonomie.

1. Veränderte Sicht des Anfangs des individuellen Menschenlebens

Gian Domenico Borasio, einer der Väter der Palliativmedizin in Deutschland (mittlerweile in Lausanne tätig), hat in seinem Buch »Über das Sterben – Was wir wissen. Was wir tun können. Wie wir uns darauf einstellen« (München 2011) auf die erstaunlich vielen biologischen Parallelen zwischen Geburts- und Sterbevorgang hingewiesen (S. 23–26). Ich möchte auf die Parallelen in der ethischen Problematik eingehen.

Bis ins 20. Jahrhundert hinein hat man das Menschenleben als von Gott geschenkt und bestimmt angesehen: Gott verfügt darüber, wer und wann ein Kind empfängt. Ein durchaus natürlicher Vorgang, der aber von Gott gelenkt wird: Der Mensch habe bei diesem

Vorgang nicht einzugreifen. Deshalb galt es als unnatürlich und folglich als unsittlich, den Geschlechtsverkehr so zu manipulieren, dass eine Empfängnis nicht stattfinden kann.

Aber der medizinische Fortschritt hat zu einer genauen Kenntnis des Empfängnisvorgangs, der Schwangerschaft und der Geburt des Menschen geführt. Dabei fand man immer mehr mechanische und chemische Mittel, um die Empfängnis zu kontrollieren und, wenn gewünscht, zu verhindern. Systematische Verhütung durch die weltweit eingeführte »Pille« hatte eine völlige Veränderung der Einstellung zur Sexualität zur Folge. Kinder zu bekommen oder nicht wurde jetzt in die Hand der Geschlechtspartner gelegt. Eine völlig neue Art von Selbstbestimmung setzt sich durch und wird gerade vonseiten mancher Kirchen möglichst verhindert, dann verboten und schließlich verurteilt. So bleiben denn gerade für das römische Lehramt die Pille zur Verhütung, aber auch künstliche Befruchtung und jegliche Abtreibung nach wie vor schwer sündhaft.

Doch war der Kampf gegen diesen Paradigmenwechsel beim Beginn des Menschenlebens letztlich erfolglos. Nur eine symptomatische Nachricht: 90 Prozent der Frauen in der Schweiz brechen eine Schwangerschaft ab, wenn sie ein Kind mit Trisomie 21 (Chromosomenanomalie) gebären würden. Haben alle diese Frauen unrecht?

2. Veränderte Sicht des Endes des individuellen Menschenlebens

Der Paradigmenwechsel bezüglich des Lebensendes hat im 20. Jahrhundert sehr viel später eingesetzt. Aber auch er war unvermeidbar: Immer wirksamere Medikamente konnten zur Prophylaxe und für die Therapie eingesetzt werden, und in immer kühneren Operationen gelang es, wichtige innere Organe, sogar das Herz, auszutauschen. Alles im Dienst der Verlängerung des Lebens. Wir stehen mitten in diesem Prozess, und viele Neuerungen werden sich noch einstellen.

Diese Verlängerung des individuellen Lebens hat ein neues Verhältnis zum Sterben zur Folge. Von daher die intensive Diskussion der verschiedenen Formen von Sterbehilfe. Wiederum sind es vor allem gewiss Kirchen, die diese Entwicklung möglichst aufhalten möchten. Die Akzeptierung jeder Form von Sterbehilfe muss ihnen abgerungen werden. Bestimmte Formen stehen noch unter Verboten, vor allem alle, die unter dem Begriff »aktive« Sterbehilfe geführt werden. Auch hier kündigt sich der Paradigmenwechsel bereits deutlich an: »Die schweizerische Sterbehilfeorganisation Exit verzeichnet mittlerweile rund 73000 Mitglieder, 5000 sind allein letztes Jahr hinzugekommen. Die Zahl der begleiteten Suizide ist um etwa 100 auf 459 gestiegen. Die Möglichkeit des assistierten Suizids findet in der Bevölkerung hohe Zustimmung. Bleibt zu hoffen, dass sich auch in Zukunft gegen ihn entscheiden kann, wer das möchte« (»NZZ am Sonntag«, 25. 5. 2014).

Dabei ist doch schon deutlich geworden, dass die Veränderung des Paradigmas nicht die Veränderung sämtlicher ethischer Grundsätze meint. Auch hier bleibt die Würde des Menschen der entscheidende Maßstab, den jeder Paradigmenwechsel beachten muss.

3. Lebensverlängerung stellt neue Fragen

Der begrüßenswerte Fortschritt von Hygiene und Medizin hat zahllosen Menschen eine höhere Lebenserwartung, ja eine neue, zusätzliche Lebensperiode verschafft. Diese wurde und wird nicht aufgrund »natürlicher« Entwicklung, sondern aufgrund der vom Menschen bewirkten hygienischen und medizinischen Verbesserungen Wirklichkeit (vor 100 Jahren Lebenserwartung in Deutschland rund 35, jetzt über 70 Jahre!). Die Kehrseite dieses Fortschritts ist aber, dass es für viele Menschen eventuell zu einem jahrelangen Dahinvegetieren (PVS = Persistent Vegetative State) kommen kann, von dem in diesem Buch so oft die Rede war.

Diese epochal neue Situation erfordert auch einen neuen Umgang mit der Beihilfe zum Suizid und mit der Tötung auf Verlangen. Die Beihilfe zum Suizid ist in der Bundesrepublik nicht strafrechtlich untersagt, aber den Ärzten berufsethisch und berufsrechtlich durch die Grundsätze der Bundesärztekammer verboten, was jedoch von manchen Landesärztekammern, wie bereits erwähnt, nicht rezipiert wurde. Hier ist eine weitere Anpassung dieser Grundsätze erforderlich. Schon nach den Thesen des Deutschen Juristentags von 2006 und der Stellungnahme des Nationalen Ethikrats ist eine ärztliche Suizidbeihilfe zumindest nicht kategorisch auszuschließen. Auszuschließen ist jedoch strikt eine organisierte gewinnorientierte Beihilfe zum Suizid.

Nun ist im bestehenden deutschen Recht zwar derjenige Arzt straffrei, der die tödliche Dosis dem Patienten nur bereitstellt, aber derselbe Arzt ist unter schwere Strafe gestellt, wenn er aus Barmherzigkeit dieselbe Dosis an die Lippen des Patienten führt oder eine tödliche Injektion bzw. Infusion gibt, also eine Tötung auf Verlangen durchführt. Auch für diesen Fall ist der Gesetzgeber herausgefordert, eine Anpassung der Gesetze an die neue Situation vorzunehmen.

4. Drastischer Anstieg der Demenzerkrankungen –
Herausforderung für Gesellschaft und Politik

Folgende Zahlen lagen 2013 einem G-8-Gipfel in London vor: 44 Millionen Menschen – 1,4 Millionen allein in der Bundesrepublik – leiden derzeit weltweit an Alzheimer und verwandten Erkrankungen. Die Zahl der Demenzkranken wird sich bis zum Jahr 2050 verdreifachen und auf schätzungsweise 135 Millionen weltweit ansteigen. So die Prognose von Alzheimer's Disease International (ADI), einer internationalen Vereinigung gemeinnütziger Alzheimer-Verbände. Wer sich in der

Anfangsphase einer solchen Krankheit befindet, wird immer leicht getröstet mit dem Gedanken, dass es ja noch sehr lange gehen könne, bis es wirklich beschwerlich werde. Das mag sein, es ist aber wichtig zu sehen, wie das Endstadium aussieht, das erreicht wird, wenn man den Fortgang der Krankheit einfach hinnimmt. Ich verweise auf die Beschreibung von S. B. Nuland in Kapitel III, 3.

Nicht weniger wichtig aber ist es, sich klarzumachen, welche gesellschaftlichen und bevölkerungspolitischen Konsequenzen sich aus der millionenfachen Zunahme der Demenzerkrankungen ergeben. Erst in jüngster Zeit beschäftigen sich Regierungen und internationale Organisationen ernsthaft mit diesem Problem. Die Herausforderungen an die Gesundheitspolitik gerade in den »alternden« Gesellschaften des Nordens sind riesig. In den kommenden Jahren müssen viel mehr menschliche und finanzielle Mittel für die Pflege bereitgehalten werden, um auch dementen Menschen ein Leben und ein Lebensende in Würde zu ermöglichen. Neue Möglichkeiten der Pflege müssen kreativ entwickelt werden. Ob Demenzdörfer, wovon es in Holland bereits eines gibt, die Lösung sind? Befürworter betonen, dass in einem solchen Kontext Demente bei bester Betreuung noch relativ selbstbestimmt leben könnten. Doch für viele Menschen, auch für mich, sind solche Gettos eher eine schlimme Vorstellung. Oder soll man einzelne demente Personen zur Pflege in schöne Billiglohnländer wie Thailand »auslagern«, weil in Ländern wie Deutschland oder

der Schweiz die Pflegekosten für viele zu hoch sind? Was in Einzelfällen eine Hilfe sein kann, ist nicht zu verallgemeinern.

Doch auch bei der Aussicht auf ein gutes und würdiges Pflegeumfeld wird es Menschen geben, die wie ich nicht in den Zustand der Demenz gelangen möchten und es vorziehen, bei den ersten Anzeichen ihr Leben zu beenden. Solchen Menschen sollte der Gesetzgeber keine Hindernisse für den Freitod in den Weg legen. Insofern verdient der Vorstoß der EXIT Unterstützung, betagten und hochbetagten Menschen leichteren Zugang zum Sterbemittel Pentobarbital zu ermöglichen, damit sie nach guter Vorbereitung und einer sorgfältigen Bilanz ihr Leben selbstbestimmt beenden können (Lebensbilanzsuizid). Ein Sterbewilliger muss ja seinen Entschluss zu sterben fassen, solange er noch urteilsfähig ist. Deshalb kann EXIT nur ganz wenige Demenzkranke begleiten.

Manche Leser mögen den Eindruck gewinnen, hier werde nun doch in kalter und seelenloser Weise von den Motiven zu Suizid und seinen konkreten Möglichkeiten gesprochen. Das ist nicht der Fall. Es geht darum, die aktuelle Situation nüchtern und demütig zur Kenntnis zu nehmen. Mehr noch, es ist gerade meine religiöse und theologisch durchdachte Haltung, die mir den Mut zu diesen Ausführungen gibt. Dies möchte ich im folgenden Kapitel zeigen.

VII. Die religiöse Dimension des Sterbens

Wer ein philosophisch-juristisch begründetes Recht auf aktive Sterbehilfe bejaht, braucht deshalb noch nicht die spirituell-religiöse Dimension des Sterbens zu bejahen. Es kann ein Mensch Ja zu seinem Tod sagen, ohne gleichzeitig ein Ja zu einem Leben nach dem Tod hinzuzufügen. Aber schon aus philosophischen Gründen verdient die Hypothese eines »ewigen Lebens« eine ernsthafte Prüfung.

1. Das mögliche Nein zu einem ewigen Leben

Eines hat die Sterbeforschung auch in der Medizin bewirkt: Die Frage nach dem ewigen Leben kann nicht einfach mit wissenschaftlich-medizinischen Argumenten als erledigt angesehen werden. Die Frage »Leben nach dem Tod« ist, wiewohl lange tabuisiert, auch für Mediziner heute wieder eine offene Frage. Und die positiven Nahtoderfahrungen machen Menschen Hoffnung, dass das Sterben, das viele mit Bangen und Furcht erwarten, in der allerletzten Phase vielleicht doch nicht so angstbesetzt verläuft wie oft befürchtet. Bücher, in denen Menschen von ihren Nahtoderfahrungen berichten, finden großen Anklang. Ob das Gesicht vieler Verstorbener vielleicht deshalb so friedlich und erlöst erscheint, weil alles vorbei und ein ganz anderes Leben eröffnet ist? Auch für mich können diese

Sterbeerlebnisse Zeichen dafür sein, dass ein neues Sein nach dem Tod, eine Transzendenz im Tod nicht von vornherein ausgeschlossen werden kann. Aber sind dies Beweise in streng naturwissenschaftlichem Sinn? Auch dieser Frage musste ich mich stellen:

In neun doppelstündigen Vorlesungen konnte ich im Sommersemester 1981 im Rahmen des Studium Generale an der Universität Tübingen das Pro und Contra abwägen und die verschiedenen Dimensionen des Problems abschreiten. Für vieles hatte ich in »Existiert Gott?« (1978) vorgearbeitet durch eine gründliche Aufarbeitung der klassischen Religionskritik des 19./20. Jahrhunderts: Ludwig Feuerbachs Projektionstheorie, auf der die Opiumtheorie von Karl Marx und die Illusionstheorie von Sigmund Freud gründen, sie vermag nicht zu beweisen, dass ein ewiges Leben *nur* Projektion des Menschen, *nur* interessenbedingte Vertröstung, *nur* infantile Illusion sei. Könnte es nicht geradezu umgekehrt sein: dass es die atheistische Leugnung eines ewigen Lebens ist, die auf einer Projektion beruht, die im Glauben an die gute Menschennatur (Feuerbach) oder die sozialistische Gesellschaft (Marx) oder die rationale Wissenschaft (Freud) gründet?

Die individual- oder sozialpsychologische Argumentation gegen die Religion als Projektion ist letztlich nicht schlüssig. Dass der Gottesglaube psychologisch erklärt werden kann, ist durchaus zuzugeben. Doch Psychologie oder nicht Psychologie ist hier eine falsche Alternative. Psychologisch gesehen weist der Gottesglaube immer Strukturen und Gehalte einer Projektion auf, steht er immer unter Projektionsverdacht. Aber das Faktum der Projektion entscheidet doch keineswegs darüber, ob das Projekt, auf das sich die Projektion bezieht, existiert oder nicht existiert. Dem Wunsch nach Gott kann durchaus ein wirklicher Gott entsprechen. Und warum soll ich nicht wünschen dürfen, dass mit dem Tod nicht alles aus ist, dass es einen Sinn in meinem Leben und in der Menschheitsgeschichte gibt, kurz, dass Gott existiert und ein ewiges Leben ermöglicht?

Zugleich hat mit der Heraufkunft des Atheismus, verbunden mit dem Namen Feuerbach, die Todesproblematik in der deutschen Philosophie ein erdrückendes Eigengewicht erhalten. Die Frage eines Lebens nach dem Tod wird von führenden Philosophen des 20. Jahrhunderts unterschiedlich beantwortet: Sie bleibt, so zeigte ich in meinen Vorlesungen auf, für Martin Heidegger offen, wird von Jean-Paul Sartre entschieden negativ, von Karl Jaspers aber bedingt positiv beantwortet.

Ich behandle diese Autoren, um klarzumachen, dass jeder nachdenkliche Mensch sich früher oder später vor die große Alternative gestellt sieht, Ja oder Nein zu einem ewigen Leben zu sagen; kein Ja besagt im Grund ein Nein. Diese negative Grundoption kommt beeindruckend deutlich in dem Gedicht »Gegen Verführung« des Atheisten Bertolt Brecht zum Ausdruck, deren unbewiesene Negationen sich aber – bei allem Respekt – mit wenigen Korrekturen in sinnvolle Bejahungen umkehren lassen.

Lasst euch nicht verführen!
Es gibt keine Wiederkehr.
Der Tag steht in den Türen;
Ihr könnt schon Nachtwind
spüren:
Es kommt kein Morgen
mehr.

Lasst euch nicht betrügen!
Das Leben wenig ist.
Schlürft es in schnellen
Zügen!
Es wird euch nicht genügen
Wenn ihr es lassen müsst!

Lasst euch nicht vertrösten!
Ihr habt nicht zu viel Zeit!
Lasst Moder den Erlösten!
Das Leben ist am größten:
Es steht nicht mehr bereit.

Lasst euch nicht verführen!
Zu Fron und Ausgezehr!
Was kann euch Angst noch
rühren?
Ihr sterbt mit allen Tieren
Und es kommt nichts nach-
her.

Lasst euch nicht verführen!
Es gibt eine Wiederkehr.
Der Tag steht in den Türen;
Ihr könnt schon Nachtwind
spüren:
Es kommt ein Morgen mehr.

Lasst euch nicht betrügen!
Das Leben wenig ist.
Schlürft nicht in schnellen
Zügen!
Es wird euch nicht genügen
Wenn ihr es lassen müsst!

Lasst euch nicht vertrösten!
Ihr habt nicht zu viel Zeit!
Fasst Moder die Erlösten?
Das Leben ist am größten:
Es steht noch mehr bereit.

Lasst euch nicht verführen!
Zu Fron und Ausgezehr!
Was kann euch Angst noch
rühren?
Ihr sterbt nicht mit den Tieren
Es kommt kein Nichts nach-
her.

Oft macht man die Feststellung, dass Philosophen sich auch heutzutage nur ungern auf die Frage nach einem Leben nach dem Tod einlassen. Der in Berlin lehrende Schweizer Philosoph Peter Bieri zum Beispiel behandelt in seinem Buch »Eine Art zu leben« die »Vielfalt menschlicher Würde« (München 2013). In seinem letzten Kapitel spricht er von der Würde als Anerkennung der Endlichkeit und macht sehr differenzierte Ausführungen über Sterben und Sterben-Lassen. Viele Gemeinsamkeiten mit meinen Auffassungen werden dabei sichtbar, so etwa bei der Ablehnung des Begriffs »Selbstmord« zugunsten des Ausdrucks »dem Leben ein Ende setzen«. Aber vergebens sucht man bei ihm eine Antwort auf die Frage eines Lebens nach dem Tod: Er stellt sie gar nicht, obwohl diese Frage durch die Religionen herausgefordert und auch ständig existenziell von vielen Menschen gestellt wird. Ob man nicht auch als Philosoph, etwa auf der Linie von Immanuel Kant, Ja sagen dürfte wenigstens zur Möglichkeit eines ewigen Lebens? Müsste man sich nicht zumindest die Frage stellen, warum denn die Religionen jede auf ihre Weise diese Frage bejahen?

2. Ein begründetes Ja zu einem ewigen Leben

Zur Frage nach dem »guten Leben« gehört auch die Frage nach dem »guten Sterben«. In dieser letzten aller großen Fragen ist vom Menschen mehr denn je ein Akt vernünftigen Vertrauens gefordert, der natürlich auch verweigert werden kann. Ein Vertrauen, das indes tief in der Geschichte der Menschheit verwurzelt ist. Wenn wir nicht einfach sterben »mit allen Tieren«, lohnt es, vor allem auch die sehr aufschlussreichen, wenngleich sehr unterschiedlichen Antworten in Erinnerung zu rufen, welche die Religionen seit dem Steinzeitalter gegeben haben, vor allem: Ein einziges oder mehrere Leben?

Der Philosoph und philosophische Seelsorger Wilhelm Schmid (ebenfalls in Berlin) nähert sich behutsam einer Antwort an: »Als Übergang zu einem anderen Leben könnte der Tod noch als schön und bejahenswert erscheinen. Vielleicht ist er tatsächlich nichts Anderes als ein Übergang vom Wachzustand zum Schlaf. Im Leben selbst fällt es nicht immer leicht, sich diesem anderen Zustand anzuvertrauen. Erst wenn einen die große Müdigkeit überkommt, geht alles wie von selbst. Ebenso wäre nun darauf zu vertrauen, dass nicht alles Leben mit dem Tod zu Ende ist, nur das gelebte Leben in dieser Gestalt, das sich im Seinsschlaf erholt für ein anderes Leben. Und so, wie ein Schlaf heilsam sein kann, könnte auch der Seinsschlaf die Verletzungen des Lebens heilen, bevor es auf andere Weise von Neuem beginnt. Unerledigtes aus dem alten Leben könnte jetzt einem möglichen anderen Leben anvertraut werden, um mit heiterer Gelassenheit schon diesseits der Grenze ins Offene hinein zu leben. Auf die Möglichkeit eines anderen und neuen Lebens setzen zu können, entlastet uns, die wir älter werden, vom Lebensstress, dem angeblich ›einzigen Leben‹

alles abverlangen zu müssen. Und wenn es sich dann doch noch anders verhalten sollte? Dann war dieses eine Leben wenigstens ein schönes Leben« (»Gelassenheit. Was wir gewinnen, wenn wir älter werden«, Berlin 2014).

In meinen Vorlesungen über »Ewiges Leben?« 1981 lege ich mit Sympathie die Argumente für eine Reinkarnation auf dieser Erde dar, lehne sie dann aber letztlich doch als nicht überzeugend ab. Dabei gestehe ich gerne ein, dass ich im Blick auf mein eigenes gelebtes Leben mit all seinen Leiden und Schmerzen trotz aller Erfolge nicht die geringste Lust verspüre, in irgendeiner Form in dieses, bei allem Glück doch immer wieder leidvolle, Leben zurückzukehren. Auch Buddhisten und Hindus möchten ja schließlich aus diesem »Samsara«, diesem leidvollen Kreislauf der Wiedergeburten, aussteigen und in ein »Nirvana« hinein »verlöschen«, das jedoch auch von den meisten Buddhisten nicht nihilistisch, sondern als höchste Wirklichkeit und Seligkeit verstanden wird …

So habe ich denn in meinen ersten drei Vorlesungen den »Horizont« der Frage nach dem ewigen Leben abgesteckt, um in den drei folgenden unter dem Titel »Die Hoffnung« die biblische Botschaft darzulegen, wobei ich mich vielfach an mein Buch »Christ sein« (1974) halten konnte: Der Auferweckungsglaube im Judentum eine späte Erscheinung. Das älteste Osterzeugnis und seine Entwicklung. Das Verständnis von *Auferweckung* nicht als Wiederbelebung meines Leichnams als einer physikalischen Größe, sondern als Eingehen meiner ganzen zeitlichen Person in Gottes Ewigkeit. Der Glaube an ein ewiges Leben ist für mich eine Konsequenz aus dem Glauben an den ewig lebendigen Gott. Aber auch problematische Aussagen des Glaubensbekenntnisses über Jesus, hinabgestiegen in das Reich des Todes und aufgefahren in den Himmel, behandle ich und bin mir bewusst: Wären diese Vorlesungen nicht 1982, zwei Jahre nach der großen Konfrontation mit Rom, sondern vorher veröffentlicht worden, so hätten sicher manche meiner Auffassungen die Inquisition erneut auf den Plan gerufen: etwa die von der leiblichen *Auferstehung*, besser Auferweckung durch Gott, die geistig zu verstehen ist, oder die vom »*Fegefeuer*«, das nicht lokal, sondern symbolisch interpretiert werden soll.

Der dritte Teil meiner Vorlesungen betrifft »die Konsequenzen« eines Glaubens an ein ewiges Leben. Hier unterwerfe ich Ideologien, die den Menschen den Himmel auf Erden versprechen, der Kritik. Dann behandle ich sowohl die physikalischen Theorien als auch die biblischen Aussagen vom Weltende. Damit ist der Kreis dieser höchst verschiedenartigen Themen unter der Überschrift »Ewiges Leben?« geschlossen.

»Glaubst Du eigentlich an das Leben nach dem Tod?«, fragt mich noch vor Kurzem ganz ernsthaft eine meiner Schwestern. »Ja«, antworte ich mit Überzeugung, aber nicht, weil ich dieses Leben nach dem Tod rational bewiesen hätte. Sondern weil ich mir dieses vernünftige Vertrauen auf Gott bewahrt habe und im Vertrauen auf den ewigen Gott auch auf mein eigenes ewiges Leben vertrauen darf. Dafür meine ich gute Gründe zu haben.

In all den Jahren habe ich meine Grundüberzeugung nicht geändert. Doch gebe ich zu, dass neue Teleskope und Forschungen in die unendlichen, dunklen und leeren Weiten des Kosmos mit Milliarden von Sternen mir diesen Glauben nicht gerade leichter gemacht haben. Oder vielleicht doch? Jedenfalls fordern sie unseren Verstand heraus, traditionelle Vorstellungen von Himmel und Hölle zu hinterfragen und im Licht der neuen naturwissenschaftlichen Erkenntnisse zu interpretieren.

3. An eine Hölle glauben?

Jesus von Nazaret war kein Höllenprediger, so sehr er von der Hölle gesprochen und die apokalyptischen Vorstellungen seiner Zeitgenossen geteilt hat: Nirgendwo zeigt Jesus direktes Interesse an der Hölle. Nur am Rande und in ganz traditionellen Redewendungen spricht er von ihr; einiges mag sogar nachträglich in die Bibeltexte eingefügt worden sein. Seine Botschaft ist ohne Zweifel Eu-angelion, ist also keine bedrohliche, sondern eine erfreuliche Botschaft! Auf diese Botschaft, auf Gott selber, soll sich der Mensch einlassen in jenem Vertrauen, das sich nicht beirren lässt und das Glaube genannt wird: »Glaubet an die Frohbotschaft« (Mk 1,14). *Glaube* hat so für Jesus einen durch und durch positiven Sinn. Der Christ glaubt von daher

»an« den barmherzigen Gott, wie er sich durch Jesus Christus gezeigt hat und im Heiligen Geist wirksam geworden ist. Aber er *glaubt nicht* »an« – vertraut nicht auf – *die Hölle*. Mit Recht fehlt die Hölle im Credo.

Seit der Aufklärung und ganz besonders seit der Zeit, da man in Pädagogik und Strafjustiz begonnen hat, auf reine Vergeltungsstrafen ohne eine Chance der Bewährung zu verzichten, finden es viele Menschen schon *aus rein humanitären Beweggründen unerträglich*, an eine lebenslängliche, gar ewige Züchtigung von Leib und Seele zu glauben.

Aber mir geht es wie vielen anderen Theologen nicht nur um den Gedanken der Humanität, sondern um etwas noch Tieferes: Soll ich als Christ wirklich an einen solchen *Gott* glauben müssen? Einen Gott, der eine derart hoffnungslose, erbarmungslose, lieblose, ja grauenhafte physisch-psychische Tortur seiner Geschöpfe ohne Ende mitansehen könnte? Womöglich noch zusammen mit den Seligen im Himmel eine Ewigkeit lang? Verteidiger eines solchen Gottes meinen, der unendliche Gott brauche wegen einer angeblich unendlichen Beleidigung zur Wiederherstellung seiner »Ehre« eine solch unendliche Strafe; aber ist die Sünde als des Menschen Tat wirklich mehr als ein endlicher Akt? Und ist Gott im Neuen Testament wirklich präsentiert als ein derartig hartherziger Gläubiger? Ein Gott der Barmherzigkeit, von dessen Barmherzigkeit Tote ausgeschlossen wären? Ein Gott des Friedens, der Unfrieden und Unversöhntheit verewigte? Ein Gott der Gnade und Feindesliebe, der gnadenlos eine ganze Ewigkeit an seinen Feinden Rache nehmen könnte? Ich frage mich: Was würde man von einem Menschen halten, der derart unversöhnlich und unersättlich seinen vielleicht an sich berechtigten Rachedurst befriedigte?

Gewiss, Finsternis, Heulen, Zähneknirschen, Feuer, alles dies sind harte Bilder für die drohende Möglichkeit, dass der Mensch seinen Lebenssinn völlig verfehlen kann, sodass ihm schon sein Leben zur Hölle wird. Aber schon die alten Kirchenlehrer Origenes, Gregor von Nyssa, Hieronymus und Ambrosius deuteten das Feuer metaphorisch – als Bild für Gottes Zorn gegenüber dem Sünder. Und auch das Wort »ewig« wird nicht nur im modernen, sondern auch schon im hebräischen und griechischen Sprachgebrauch keineswegs immer im strengen Sinn genommen (»das dauert ja ewig« heißt: schier endlos, unbestimmt lang!). Bei der »ewigen Strafe« (Mt 25,46) des Endgerichts liegt der Akzent darauf, dass diese Strafe definitiv, endgültig, für immer entscheidend ist, nicht aber darauf, dass die Qual ewig dauern müsse. Und wie die Schrifttexte im Einzelnen auch interpretiert werden mögen: Die »Ewigkeit« der Höllenstrafe darf auf keinen Fall absolut gesetzt werden. Es ist ein Widerspruch, Gottes Liebe und Barmherzigkeit und gleichzeitig die Existenz eines ewigen Qualortes anzunehmen. Nein, die »Höllenstrafe« bleibt, wie alles, Gott, seinem Willen und seiner Gnade untergeordnet. Versprochen ist den Glaubenden das »Himmelreich«!

4. Vom Himmel träumen?

Es kann nicht übersehen werden, dass die Vorstellung von einem Himmel durch die Vermessung der Astronomen, die ernüchternden Ausblicke und Einblicke der Teleskope und Satelliten, der Raumfähren und Raumsonden sich radikal verändert hat. Der »Himmel«, von dem der Glaube spricht, ist – recht bedacht – gerade *kein überweltliches Droben*: kein Himmel im physikalischen Sinn (engl.: *sky*)! Der Himmel des Glaubens (engl.: *heaven*) ist nicht der Himmel der Astronauten, wie gerade jene Astronauten, die den biblischen Schöpfungsbericht auf der ersten Fahrt zum Mond aus dem Weltall rezitierten, selber bezeugten. Nein, die naiv-anthropomorphe Vorstellung von einem Himmel über den Wolken ist schlichter Aberglaube. Gott wohnt nicht als »höchstes Wesen« im örtlichen oder räumlichen Sinn »über« der Welt, in einer »Überwelt«. Christen glauben, dass *Gott in der Welt* anwesend ist.

Der Himmel des Glaubens ist auch *kein außerweltliches Drüben*: kein Himmel im metaphysischen Sinn! Gott west nicht im geistigen oder metaphysischen Sinn »außerhalb« der Welt in einem außerweltlichen Jenseits, in einer »Hinterwelt«. Christen glauben, dass *die Welt in Gott* geborgen ist.

Der Himmel des Glaubens ist also kein Ort, sondern eine Seinsweise, ist doch der unendliche Gott im Raum nicht lokalisierbar, durch die Zeit nicht begrenzbar. Wenn es um den Himmel Gottes geht, dann um jene unsichtbare »Domäne«, jenen »Lebensraum« Gottes, des »Vaters«, für den der sichtbare physikalische Himmel in seiner Größe, Klarheit, Lichthaftigkeit freilich noch immer Symbol sein kann. Wie es poetisch auch die Schweizer Nationalhymne ausdrückt: »In des Himmels lichten Räumen kann ich froh und selig träumen!« Aber nüchtern-fromm betrachtet ist der Himmel des Glaubens nichts anderes als der verborgene, unsichtbar-unfassbare *Bereich Gottes*, der der Erde gerade nicht entzogen ist, der vielmehr, nach Jesu Botschaft alles zum Guten vollendend, Anteil gibt an Gottes Herrschaft und Reich.

5. Verantwortetes Vertrauen

Soll ich auf etwas Allerletztes hoffen oder nicht? Ein ewiges Leben, eine ewige Ruhe, ein ewiges Glück? Dies ist eine Sache des Vertrauens. Aber ich sage auch gleich: eines keineswegs unvernünftigen, sondern eines verantworteten Vertrauens. Denn es ist die Wirklichkeit dieses Lebens hier und heute, es sind alle unsere negativen und positiven Erfahrungen in dieser Welt, die Glückserfahrungen, deren Dauer man ersehnt, aber es ist auch all das Unabgegoltene, Unaufgelöste und vorläufig Bleibende, das mir genügend Grund gibt, ein vertrauendes Ja zu einem Leben nach diesem Tod zu wagen. Ohne dieses Ja käme mir dieses Leben letztlich ziellos, sinnlos und haltlos vor. Alles in allem jedenfalls eine höchst ungerechte Welt.

Ist das Gottvertrauen unvernünftig, irrational? Nein, es erscheint mir als das Allervernünftigste, was sich der Mensch zumuten kann: Nicht nur das Messbare, das physikalisch, biologisch und mathematisch Beweisbare ist wirklich, vielmehr ist das, was wir sehen, tasten, fassen und berechnen können, die letzte Wirklichkeit nicht. Bei allem Respekt vor der Überzeugung Andersgläubiger: Gerade dass der Mensch seinen Tod in ein Nichts hineinsterben soll, erscheint mir widersinnig, so widersinnig wie die Vorstellung, dass der Urknall aus dem Nichts kommt.

So verlasse ich mich denn vertrauensvoll darauf, dass so, wie Welt und Mensch nicht aus dem Nichts kommen, sie auch nicht ins Nichts gehen. Dass Sterben und Tod nur Stationen sind und eine neue Zukunft folgt. Dass das Leben stärker ist als der Tod und der Mensch in jene unfassbare und umfassende letzte und erste Wirklichkeit hineinstirbt, die nicht Nichtigkeit, sondern vielmehr wirklichste Wirklichkeit ist. Ja, dies ist die Überzeugung von Juden, Christen und Muslimen, und in einer anderen Form unter anderen Bildern und Chiffren doch auch die anderer Religionen: Wo der Mensch das Allerletzte seines Lebens erreicht, da erwartet ihn nicht das Nichts, sondern jenes Alles, das gläubige Juden, Christen und Muslime Gott nennen, bei dem die Toten gut aufgehoben sind. Wie soll ich dies verstehen?

6. Die endliche Person geht ein in die Unendlichkeit:
die ewige Glückseligkeit

So kann ich als Glaubender den Tod für mich verstehen: Im Tod wird der Mensch aus den ihn umgebenden und bestimmenden Verhältnissen herausgenommen. Von der Welt her, gleichsam von außen, bedeutet der Tod völlige Beziehungslosigkeit. Von Gott her aber, gleichsam von innen, bedeutet der Tod eine völlig neue Beziehung zu ihm als der letzten Wirklichkeit. Im Tod wird dem Menschen zwar nicht mit Haut und Haar, aber doch als ungeteilter Person eine neue ewige Zukunft angeboten, in der die Bruchstücke seines Lebens sich zusammenfügen und das Fragmentarische dieses Lebens sich vollendet. Ein Leben anders als alles Erfahrbare: in der unvergänglichen Dimension Gottes. Also nicht in unserem Raum und in unserer Zeit: »hier« und »jetzt« im »Diesseits«. Aber auch nicht einfach in einem anderen Raum und in einer anderen Zeit: nicht ein »Drüben« und »Droben«, ein »Außerhalb« oder »Oberhalb«, ein »Jenseits«.

So viele Menschen heute erleben aufgrund der ambivalenten Erfolge der Medizin bei der Lebensverlängerung in Krankheit einen langen Abschied. Aber wenn der Mensch sich im Sterben verabschiedet, wenn er alle äußeren Beziehungen abbricht, manchmal gar Organ um Organ abstirbt und er endlich in absoluter Beziehungslosigkeit daliegt, dann geht er, so glauben wir, eine neue, uns verborgene Beziehung ein: »*Vita mutatur, non tollitur* – Das Leben wird verändert, nicht genommen.«

Nein, kein willkürliches Eingreifen Gottes gegen die Gesetze der Natur erfolgt hier, sondern ein Auffangen durch Gott, wo die Natur aufgrund ihrer eigenen Gesetze an ein Ende gekommen ist. Kein Enden also, erst recht kein Verenden, sondern ein Vollenden: Die endliche Person geht ein ins Unendliche. Der Mensch geht seinen letzten, entscheidenden, ganz anderen Gang nicht ins Weltall oder über dieses hinaus, sondern hinein in das Innerste der Wirklichkeit, einen Bereich jenseits der Empirie, wo sich jenseits des subatomaren Bereichs jene Dimension Unendlich auftut, die sich erst jetzt als die wirklichste Wirklichkeit erweist, die nicht mit Begriffen zu umfassen, sondern nur mit Bildern zu umschreiben ist: das Herz der Welt, ihr ewiger Urgrund, Urhalt und Urziel, des Menschen unvergängliche Heimat, aus der er kommt und in die er geht. Dann erst erkennt der Mensch, was die »transzendente Wirklichkeit« wirklich ist: nach biblischem Verständnis die ewige Glückseligkeit in der Gemeinschaft mit Gott, dem Schöpfer und Vollender.

VIII. Selbstbestimmtes Sterben – unchristlich?

In der Antike, vor allem in der platonischen und stoischen Tradition, zeigte man oft einen freieren und gelasseneren Umgang mit dem Freitod als in der Christenheit. Nur ein Beispiel:

> *»Non sum quod fueram, periit pars maxima nostri.*
> *Morte mori melius quam vitam ducere mortis.*

> Ich bin nicht, was ich war, vergangen ist der größte Teil von mir.
> Durch Tod zu sterben ist besser, als ein Leben des Todes zu führen.«

> (Der lateinische Dichter Maximianus im 6. Jhd.)

In der platonischen Denktradition habe der »Lebensbilanzsuizid« im Kreis der Freunde als höchster Akt menschlicher Souveränität und Autonomie gegolten, berichtete der Philosoph und Altersforscher Thomas Rentsch an einem Kongress über »Kulturen des Alter(n)s« an der Universität Zürich im Mai 2014, an welchem 30 fast ausschließlich deutsche Referenten von der Situation in Deutschland, China, Japan und Indien berichteten, die Schweiz aber kaum vorkam. Der Gerontologe Thomas Klie (Evangelische Hochschule Freiburg/Breisgau) kritisierte meine Position dabei scharf, weil ich für die Möglichkeit der Suizidbeihilfe einstehen und »herausposaunen« würde, ein Alter in

Abhängigkeit sei kein Leben mehr. Der Zürcher Theologieprofessor Ralph Kunz schloss sich diesem Urteil über mich jedoch nicht an, sondern verteidigte dagegen das Recht eines jeden Einzelnen, zu bestimmen, wann er »lebenssatt« sei. Dies zeigte: Heutzutage haben viele Menschen auch mit religiösem Hintergrund ein unverkrampfteres Verhältnis zum Freitod. Dennoch bleibt die Frage: Stimmt das Vorurteil, dass selbstbestimmtes Sterben unchristlich ist?

1. Im Tod gehalten von Gott

Mit Betroffenheit las ich den Brief eines mir seit Langem befreundeten Jesuiten aus dem Fernen Osten, dessen großartigen Einsatz für die Menschen ich auch vor Ort bewundern konnte: »Ich bitte Dich auf den Knien, falls Du beginnende Demenz spüren solltest in einigen Jahren, Gott allein weiß alles, dann bleibe bei uns, Dein Leiden wird Segen und Gnade für uns werden, wie der schmerzvollste Tod Jesu für uns zum Heil geworden ist. In diesem Heil ist auch das Ja zum Leiden wesentlich miteingeschlossen. Der unendliche Gott nimmt Dir die Verantwortung für Dein Leben in vergebender Liebe ab.«

Nicht weniger bewegt hat mich das dankbare Schreiben eines Ehepaares aus Potsdam, für das ich schon zu DDR-Zeiten durch meine Bücher, Fernsehsendungen und Live-Auftritte »eine entscheidende Orientierung« war. Sie seien so »in ihren eigenen Lebens- und Glaubenserfahrungen gestärkt worden«. Sie rufen mir den Schluss von »Christ sein« ins Gedächtnis, weil sie, wie viele Christen von heute, »darin unsere Lebensmaxime sehen«:

»In der Nachfolge Jesu Christi
kann der Mensch in der Welt von heute
wahrhaft menschlich leben, handeln,
leiden und sterben:
in Glück und Unglück, Leben und Tod
gehalten von Gott und hilfreich den Menschen«.

Aber nun die kritische Frage direkt an mich: »Kann dies nicht auch in Ihrer Lebenslage von Bedeutung sein? Wie Sie uns getröstet haben, so möchten wir versuchen, Sie angesichts Ihrer gesundheitlichen Gebrechen und angesichts Ihres Alters zu ermutigen, darauf zu vertrauen, dass Gott Sie trägt. Wir verstehen, dass Sie manchmal verzweifelt sind und schreiben: ›Ich will nicht als Schatten meiner selbst weiterexistieren.‹ Doch denken Sie bitte an all die Menschen, die Kranken, Behinderten, Todkranken, die bis zum letzten Atemzug aushalten, weil sie dem Leben, weil sie Gott trauen. Ein Tod durch aktive Sterbehilfe, gar in einem kommerziellen Schweizer Institut – das ist eines Hans Küng, den wir wegen seines Mutes und seiner Geradlinigkeit lieben, unwürdig. Dies würde Tausende von Menschen enttäuschen, die sich an Ihren Maximen in ›Christ sein‹ orientiert und aufgerichtet haben.«

Enttäuschen möchte ich nun wahrlich niemanden, aber vielleicht doch manche zum Nachdenken anregen. Ich bin ja auch nicht verzweifelt, sondern handle aus einem großen Vertrauen heraus, dass ich mich nicht nur in Leiden und Sterben, sondern auch »im Tod von Gott gehalten« weiß. Ich gestehe offen, dass ich, als ich vor 45 Jahren diesen Text in »Christ sein« schrieb, nicht an einen Freitod gedacht habe. Aber jetzt, wo ich mit 86 Jahren die Gefahr sehe, tatsächlich nur noch »ein Schatten meiner selbst« zu sein, muss ich mir ernsthaft überlegen, ob dies tatsächlich der Wille Gottes ist. Und wer dieses Buch bis hierher gelesen hat, konnte erkennen, dass ich auch in dieser großen letzten Frage des Menschenlebens »einen langen schöpferischen Weg« (so im Brief aus Potsdam) gegangen bin und meine Auffassung, ohne sie jemandem aufzudrängen, »konsequent und einleuchtend vertrete« – gerade auch für dieses mir geschenkte vierte Lebensalter mit dem damit verbundenen Paradigmenwechsel. Dabei habe ich auch stets »an all die Menschen, die Kranken, Behinderten, Todkranken gedacht, die bis zum letzten Atemzug aushalten«.

In diesem Zusammenhang ist mir wichtig, dass man meine Einstellung zum Sterben auf einem durchaus vernunftgemäßen Vertrauen auf Gott begründet sieht, und ich hoffe sehr, dass ich davon meine Leser überzeugen kann. Ich bin deshalb dem Schweizer Theologiedozenten Simon Peng-Keller (Chur/ Zürich) dankbar, dass er in seinem Diskussionsbeitrag »Suizid aus Gottvertrauen? Zu einem folgenreichen Argument Hans Küngs« (»Stimmen der Zeit«, 6/2014) herausstellt, dass ich dem Grundvertrauen in die Wirklichkeit und dem Gottvertrauen schon eingehende Analysen in »Christ sein« (1974) und vor allem in »Existiert Gott?« (1978) gewidmet habe, als es in Theologie und Gesellschaft noch nicht à la mode war, vom Vertrauen zu reden. Allerdings fühle ich mich nicht richtig verstanden, wenn Peng-Keller – Spezialist für Theologie des geistlichen Lebens – mein existenzielles Vertrauen mit der ökonomischen Rational-Choice-Theorie in Verbindung bringt. Mein Grundvertrauen ist kein rationales Kalkül, wohl aber eine vernünftige Haltung. Dieses Gottvertrauen lässt sich auch durchaus als »akzeptierte Verletzlichkeit« (Peng-Keller) konzipieren. Doch sollte Peng-Keller mir seinerseits zugestehen, dass ich nicht nach dem Vorbild seiner Großtante einen Zustand akzeptieren will, in dem ich meine engsten Verwandten nicht mehr erkenne und fast alle Erlebnisse meines langen Lebens vergessen habe. Und dass ich schließlich auch noch ein Leben auf vegetativem Niveau zu akzeptieren hätte, lasse ich mir von niemandem als Wille Gottes für mich einreden. Auch möchte ich gerade als Christ nicht, dass man dies anderen Betroffenen einredet.

2. Nachfolge ist nicht Nachahmung Christi

Der Jesus Christus, wie er in den Evangelien verkündet wird, ruft nicht zur folgenlosen Anbetung auf, aber auch nicht zur buchstäblichen Nachahmung. Es war Papst Paul VI., der sehr unter der allgemeinen Zurückweisung seiner Enzyklika zur Geburtenregelung litt und der dieses leider auch so demonstrierte, dass er den Hirtenstab des Bischofs von Rom durch einen realistisch gestalteten Bronzekruzifixus ersetzte. Er trug ihn vor sich her, ohne sich auch nur einen Augenblick zu fragen, ob er nicht selber durch seine Fehlentscheidung an seinem Leiden (und an dem ungezählter fehlgeleiteter Kirchenmitglieder) schuld war. Doch Nachfolge Christi biblisch verstanden meint: sich auf ihn und seinen Weg einzulassen und nach Christi Weisung seinen *eigenen Weg* gehen. Nachfolge meint also nicht ethische Nachahmung des Lebensweges Jesu, nicht die getreue Kopie eines Lebensmodells.

Noch mehr als Paul VI. identifizierte sich Johannes Paul II. mit dem Gekreuzigten. Er ließ in seinen Palliumsschal fünf Nägel für die fünf Wunden Jesu einsticken. Anstatt wie sein Nachfolger Papst Benedikt XVI. von seinem Amt zurückzutreten, als er es nicht mehr wahrnehmen konnte, ließ er zu, dass seine Krankheit und sein Sterben Weltöffentlichkeit bekamen. Christus sei nicht vom Kreuz herabgestiegen, so rechtfertigte er sein Kleben am Heiligen Stuhl. Statt die Macht abzugeben, ließ er seine Entourage die Kirche regieren.

Doch Jesu Kreuz bleibt beispiellos, seine Gottes- und Menschenverlassenheit einzigartig, sein Sterben unwiederholbar. Nicht das also ist der Sinn der Nachfolge: genauso von Gott und Menschen verlassen werden, die gleichen Schmerzen erleiden, die gleichen Wunden geschlagen bekommen, sondern im Gegenteil. Dies ist die Herausforderung der Kreuzesnachfolge: das *eigene* Kreuz auf sich zu nehmen, sich dem Risiko der *eigenen* Situation zu stellen und trotz der Ungewissheit der Zukunft seinen *eigenen* Weg zu gehen. Theologisch ausgedrückt: Nachfolge nicht in der Weise der Imitation, sondern in der Weise der »Korrelation«, der Entsprechung.

Das Leiden des Menschen bleibt Leiden, Tod bleibt Tod. Leiden und Tod bleiben ein Angriff auf das Leben des Menschen. Das Leiden soll nicht umgedeutet, verniedlicht oder glorifiziert werden. Es soll nicht selbstquälerisch gesucht, ihm gar asketisch Lust abgewonnen werden. Es ist auch nicht stoisch hinzunehmen, apathisch-affektlos zu ertragen. Wir sollen es vielmehr im individuellen wie im gesellschaftlichen Bereich, in den Personen und in den Strukturen mit allen Mitteln bekämpfen und möglichst beseitigen.

Aufgabe und Pflicht der Christen und der Kirchen in der modernen Gesellschaft ist es, an der vielschichtigen Bekämpfung des Leids, der Armut, des Hungers, der sozialen Missstände, der Krankheit und des Todes engagiert mitzuarbeiten. Die moderne Welt hat sehr viel neues Leid gebracht, aber auch immense Möglichkeiten der Bewältigung des Leids geschaffen, wie es die Erfolge der Medizin, der Hygiene, der Technik, der sozialen Wohlfahrt demonstrieren. Das Leid also nicht suchen, sondern ertragen, und es nicht nur ertragen, sondern bekämpfen. Kreuzesnachfolge und Sterbehilfe schließen sich folglich nicht aus.

Aus all dem erhellt: Jesus als der leidende Gottes-
knecht (vgl. Jes 52,13–53,12) bleibt ein einzigartiges
Vorbild für das Ertragen von unvermeidbarem Leid,
ein Trost für die Todkranken und eine Verheißung
neuen Lebens für die Sterbenden. Aber der ihm auf-
gezwungene furchtbare Kreuzestod soll nicht herhalten müssen zur Ablehnung des heute Möglichen, der
von eigener Verantwortung getragenen Entscheidung
über Zeitpunkt und Art des eigenen Todes. Aber gibt
es dafür überhaupt Raum in der Kirche?

3. Kirchliche Doktrin und kirchliche Praxis

Der spanische Philosoph Antonio Monclús (Univer-
sidad Complutense, Madrid) hat in einem hervorra-
gend dokumentierten Band »La Eutanasia, una Op-
ción Cristiana« (Madrid 2010) aufgezeigt, dass es in
der Kirchengeschichte bezüglich der Sterbehilfe, hier
immer Euthanasie genannt, mehrere christliche Opti-
onen gibt.

Die Selbsttötung wird zu verschiedenen Zeiten unterschiedlich beurteilt. In vorkonstantinischer Zeit, bei
Christenverfolgungen, wird mitunter lobend berichtet,
ein Glied der christlichen Gemeinde habe sich lieber
selbst getötet, als Folter, Schändung oder einem Bor-
dell anheimzufallen. Doch in nachkonstantinischer
Zeit (um 400) hat sich – vor allem seit Augustinus
und seiner manichäisch beeinflussten pessimistischen
Sicht des Lebens – ein Wandel vollzogen: Euthanasie

wird als ein Verbrechen und eine Sünde verurteilt, was zu einer Tabuisierung dieser Frage in der Christenheit führte. Dabei hat Jesus selber nie von Euthanasie gesprochen. Aber die christliche Tradition bot ihn, wiewohl er in radikaler Opposition zum menschlichen Leiden stand, immer mehr als ein moralisches Modell für das Ertragen von Schmerz und Leiden dar. Doch faktisch gibt es in der Kirchengeschichte immer wieder Raum für die Euthanasie als christliche Option. Denn im Gegensatz zur offiziellen Doktrin zeigt die kirchliche Praxis viele Beispiele eines »guten Todes«, eines durchaus akzeptierten »euthanasischen Verhaltens« in vielen Formen von nicht natürlichem Tod: angefangen von den Märtyrern über die Kreuzzüge und Religionskriege bis zur Anwendung bestimmter Prinzipien etwa vom »gerechten Krieg« oder von der Todesstrafe. Dies alles wäre zu bedenken, wenn man von der Erlaubtheit oder Unerlaubtheit der Euthanasie spricht. Die im Buch dieses spanischen Philosophen vorgetragenen komplexen Thesen verdienten es, genauer studiert und diskutiert zu werden.

Nun gibt es zweifellos einen Bruch und eine Kluft zwischen der spätantiken und der christlichen Auffassung vom guten Sterben. Aber grundsätzlich bin ich der Meinung: Das Ideal einer rational-selbstbewussten Gestaltung des Lebens und Sterbens, das so wenig wie möglich dem Schicksal überlässt, kann sich verbinden mit dem Ideal einer demütigen Haltung zu Leben und Sterben, die das Lebensende vertrauensvoll in Gottes Hände legt. Alterssuizid aus Gottvertrauen meint im

Grunde beides, Demut und Selbstbestimmung, Gelassenheit und freies Handeln, Glaube und verantwortliches Handeln vor Gott.

4. Gebet

Ich vertrete einen reflektierten, also kritisch durchdachten christlichen Glauben an Gott und an ein ewiges Leben. Beides gehört für mich zusammen. Der Glaube an ein ewiges Leben ohne Glaube an Gott wäre für mich grundlos, ohne Fundament. Umgekehrt ermangelte ein Glaube an Gott ohne Glaube an ein ewiges Leben der Konsequenz, er wäre ziellos.

Um dies deutlich zu machen möchte ich dieses Buch beenden mit einem Gebet, das schon den dritten und letzten Band meiner Erinnerungen »Erlebte Menschlichkeit« beschließt. Vielleicht wird da der eine oder andere Leser, die eine oder andere Leserin, sich angeregt sehen, mit eigenen Worten, wenn auch möglicherweise viel kürzer, ihr eigenes Gebet zu formulieren. Und wer weiß, vielleicht sieht sich auch eine Kirche, die die Zeichen der Zeit erkannt hat, angeregt, nicht nur ein Gebet, sondern eine persönliche Sterbeliturgie für solche Menschen zu erproben und schließlich einzuführen:

Unser Leben ist kurz, unser Leben ist lang.
Und voll Staunen stehe ich vor einem Leben,
das seine unerwarteten Wendungen

und doch seine Geradlinigkeit hatte:
ein Leben von über 31.000 Tagen,
schönen und trüben, wechselnden,
die so vieles an Erfahrungen mit sich brachten
im Guten wie im Bösen,
ein Leben, von dem ich heute doch sagen darf:
So war es gut.

Ich habe unermesslich mehr empfangen,
als ich geben konnte,
alle meine guten Einfälle und meine guten Ideen,
meine guten Entscheidungen und Taten
sind mir geschenkt, aus Gnade ermöglicht.
Und selbst wo ich mich falsch entschieden
und böse gehandelt,
hast du mich unsichtbar geleitet.
Um Vergebung bitte ich für alles,
worin ich gefehlt habe.

Ich danke dir, Unfasslicher, Allumfassender
und Allesdurchwaltender,
Urgrund, Urhalt und Ursinn unseres Seins,
den wir Gott nennen,
dir, dem großen, unsagbaren Geheimnis
unseres Lebens,
dir, dem Unendlichen in allem Endlichen,
dir, dem Unaussprechlichen in all unserer Rede.

Ich danke dir für dieses Leben
mit allem Unerklärlichen und Seltsamen.

Ich danke dir für all die Erfahrungen,
die hellen und die dunklen.
Ich danke dir für alles, was gelungen ist,
und für alles,
was du schließlich zum Guten gewendet hast.
Ich danke dir, dass mein Leben ein geglücktes
Leben werden durfte,
nicht nur für mich selber, sondern für diejenigen,
die an diesem Leben teilhaben durften.

Den Plan, nach dem unser Leben verläuft
mit all seinen Irrungen und Wirrungen,
kennst du allein.
Deine Absicht mit uns erkennen wir nicht
von vornherein.
Dein Angesicht können wir, wie Mose und die
Propheten, in dieser Welt nicht sehen.
Aber wie Mose zwischen zwei Felsenspalten
den vorübergehenden Gott vom Rücken her
sehen durfte,
so dürfen auch wir deine Hand, o Herr, in unserem
Leben im Rückblick erkennen und dürfen erfahren,
dass du uns getragen und geführt hast und dass
das, was wir selber entschieden und getan haben,
immer neu von dir geleitet wurde zum Guten.

So lege ich auch die Zukunft gelassen-zuversichtlich
in deine Hände.
Es mögen viele Jahre sein oder nur wenige Wochen,
ich freue mich über jeden neuen Tag,

der mir geschenkt,
und überlasse dir voller Vertrauen ohne Sorge
und Angst all das,
was meiner noch wartet.
Denn du bist wie der Anfang vom Anfang
und die Mitte der Mitte
so auch das Ende vom Ende
und das Ziel der Ziele.
Ich danke dir, mein Gott,
denn du bist freundlich,
und deine Güte währet ewig.

Amen. So sei es.

Postscriptum aus aktuellem Anlass

Ende Juni 2014, während der letzten Vorbereitungen zur Drucklegung dieses Buches, durchlebte sein Autor eine schwere gesundheitliche Krise: eine Folge seiner fortschreitenden Parkinson-Erkrankung. Buchstäblich über Nacht schien ihm die Kontrolle über sein Leben aus den Händen zu gleiten – ein Zustand, der sich erst nach Wochen intensiver medizinischer Betreuung allmählich besserte.

Es war genau jene Erfahrung, die ich unbedingt vermeiden wollte: womöglich nicht mehr selbstbestimmt über Leben und Sterben entscheiden zu können, den Zeitpunkt womöglich »verpasst« zu haben. Gemeinsam mit dem Piper Verlag haben wir deshalb überlegt, ob mein zentrales Anliegen dadurch nicht konterkariert worden sei, ob dieses Buch deshalb womöglich gegenstandslos geworden sei und besser nicht veröffentlicht werden sollte.

Nach eingehender Diskussion haben wir uns für eine Veröffentlichung entschieden. Ich war mir stets bewusst, dass auch mich ein solches Schicksal ereilen könnte und dass der Wunsch, bis zur letzten Sekunde die Kontrolle über mein Leben zu behalten, eine Idealvorstellung ist. Die Erfahrungen, die ich in diesen Tagen und Wochen gemacht habe, haben mich darin bestärkt, dass jeder Mensch zunächst einmal auch in einer gesundheitlich schweren Krise alles medizinisch Mögliche zur Wiederherstellung seiner Gesundheit und seiner Heilung unternehmen sollte. Deshalb bin ich froh, diese schwierige Situation überstanden zu haben, wieder ins Leben zurückkehren zu dürfen. Ich widme dieses Buch deshalb in Dankbarkeit meinen Ärzten, Therapeuten und Pflegern und allen Männern und Frauen, die mir beigestanden haben.

An der Aktualität und Dringlichkeit meines Kernanliegens hat sich nichts geändert: Jeder Einzelne hat die Verantwortung vor Gott und den Menschen sowie das Recht, selber über sein Leben und sein Sterben zu bestimmen. Diese Selbstbestimmung scheint mir theologisch gut begründet und ethisch geboten. Mit meiner Überzeugung möchte ich, wie ich im Vorwort schreibe, »einen Beitrag in einem andauernden Diskussionsprozess leisten und die Stimme eines christlichen Theologen einbringen, der von dieser Problematik selbst existenziell betroffen ist«. Nach durchlebter Krise ist diese existenzielle Betroffenheit stärker denn je, meine Überzeugung unverändert.

Sursee (Luzern), im August 2014   *Hans Küng*